Diário de Bordo de Manutenção

_____

Porto de Origem _____

Data de Início _____

Data de Término _____

Diário de Bordo de Manutenção

Instalação com dois motores

Criado e Ilustrado por Dennison Berwick
Traduzido por Sergio Machado Corrêa

Complemento aos Livros Marine Diesel Basics

1ª edição 2022

Disponível em múltiplos formatos:

Comum	Diário de Bordo de Manutenção – Um Motor	ISBN 978-1-990755-16-3
	Diário de Bordo de Manutenção – Dois Motores	ISBN 978-1-990755-19-4
Capa Dura	Diário de Bordo de Manutenção – Um Motor	ISBN 978-1-990755-17-0
	Diário de Bordo de Manutenção – Dois Motores	ISBN 978-1-990755-20-0
Espiral	Diário de Bordo de Manutenção – Um Motor	ISBN 978-1-990755-18-7
	Diário de Bordo de Manutenção – Dois Motores	ISBN 978-1-990755-21-7

eDiário de Bordo de Manutenção ("formulário preenchível" pdf) disponível para iPads e Tablets – clique e digite www.marinedieselbasics.com (*somente inglês*)

Agradecimentos

Grato a todos que de alguma forma me ajudaram a projetar, criar e verificar todos os materiais neste Diário de Bordo de Manutenção, incluindo Arie Agniyadis, Mark Bryant, Estelle Evans, Peter Jarrett, Annette Maclean, Gearoid O'Croinin, Denbigh Patton, Simone Pertuiset, Jiri Skopek, Michele Pippen e Andy Robinson. Agradecimentos especiais a Sergio Machado Corrêa pela sua cuidadosa tradução. Claro, quaisquer erros ou omissões são meus.

E agradeço ao Comodoro Ed Hill e aos membros e funcionários do Tanga Yacht Club, Tanzânia, por suas boas-vindas e hospitalidade.

Dennison Berwick
SV Oceans Five

Isenção de responsabilidade

Voyage Press
7B Pleasant Boulevard, Unit #1045
Toronto, Ontario   Canada M4T 1K2

www.marinedieselbasics.com

Complemento a este Diário de Bordo

Marine Diesel Basics 1

2a edição

(por enquanto, somente inglês)

*Apresenta como realizar todas
as tarefas básicas de
manutenção, colocação em
operação e recomissionamento*

kindle

* + de 350 desenhos claros e simples
* 64 tarefas de manutenção
* 66 tarefas de invernagem e funcionamento
* 53 tarefas de recomissionamento

* 222 páginas • Índice completo
* papel comum, capa dura, espiral e ebook
* US$11.99 – $26.99
* Mais de 9 mil cópias vendidas

"... O melhor guia sobre o assunto que já vi, este livro tem lugar em toda embarcação equipada com motor diesel." *Sail Magazine*

"... um grande trunfo para aqueles que desejam ter um pouco mais de experiência na sala de máquinas devido às suas instruções simples e visuais...é material essencial para quem está iniciando nos motores diesel marítimos pelas suas claras ilustrações. . .Eu altamente recomendado ele."

Good Old Boat

"As excelentes ilustrações do autor (são mais de 300) facilitam muito a compreensão do texto. Todas as etapas da manutenção regular, solução de problemas, colocação em operação e recomissionamento são cobertas. Gostei particularmente da estrutura deste livro... Altamente recomendado."

Australian Sailing

Disponível online e em livrarias
* Livrarias náuticas
* Velarias, lojas náuticas
* Amazon   • Kindle
* iBooks   • GooglePlay   • Kobo

Disponível em *www.marinedieselbasics.com*

Atualmente disponível apenas em inglês, com uma lista
detalhada de palavras técnicas inglês-português
disponíveis gratuitamente no site.

MDB palavras técnicas

Tabela de Conteúdos

Tabela de Conteúdos

Lista de Desenhos

Bem-Vindo ao seu Diário de Bordo de Manutenção

Este Diário de Bordo é projetado para lhe ajudar a facilmente manter todas as partes de seu sistema diesel marítimo:

Desenhos – mais de 40 desenhos de inspeções e componentes importantes. Veja a lista completa na página vi.

Inventário – mantenha números dos itens e de série em um único lugar para realizar as manutenções facilmente (ex. código de filtros, data de instalação das baterias, diâmetro e passo do hélice etc.)

Manutenção Programada – lista de checagem das tarefas básicas de manutenção, por dia, semana, mês etc. Marque como tarefas foram realizadas e anote as datas das futuras tarefas.

Inspeções – desenhos claros mostram o que atentar para realizar inspeções – correias, rotores, varetas do óleo, hélice etc. Veja a lista de componentes na página 46.

Diário de Bordo – mantenha um histórico completo de todas as tarefas realizadas em todas os componentes num só lugar – o que, quem, quando e qualquer acompanhamento.

Resumos – tenha certeza de que as tarefas importantes não fiquem perdidas nas páginas do Diário de Bordo. Páginas de resumos para tarefas específicas (ex. troca de óleo, troca de rotor etc.). Qual a frequência da troca dos anodos? A frequência teve alteração?

Introdução

Medidas & Conversões – fórmulas e tabelas simples de usar para as 14 mais importantes unidades: equivalência entre metro & polegada, tamanho de furos e tampas.

Índice – índice completo de todos os tópicos neste Diário de Bordo.

Valor de manter seu Diário de Bordo de Manutenção

Manter o Diário de Bordo de Manutenção é uma das mais simples e mais importantes maneiras de garantir a saúde e longevidade de todos os componentes mecânicos da embarcação. Quanto mais compreensível e detalhado, mais útil será o Diário de Bordo ao longo do tempo. Seu Diário de Bordo serve para as seguintes funções:

1. anotar o que que foi feito, quando e por quem. Manutenção de rotina regular – como troca de filtros e óleo – é a base de um sistema diesel marítimo confiável:
   • solução de problemas frequentemente inicia com um rastreamento das tarefas mais recentes realizadas e checando se alguma coisa foi esquecida

2. marcas, modelos e números de série – mantenha todas as informações em local único e organizado e de fácil acesso:
   • a requisição correta de peças sobressalentes depende de números de série e modelos precisos

3. observação precoce de potenciais problemas – muitos problemas se desenvolvem lentamente e frequentemente são simples de serem corrigidos se descobertos cedo:
   • anotações detalhadas são uma prática ajuda no passo a passo para solução de problemas

4. anotar o desempenho do motor e sistemas – escrever notas simples melhora o conhecimento de todos os aspectos de um Sistema diesel marítimo:
   • saber o que é "normal" ajuda a detectar potenciais problemas

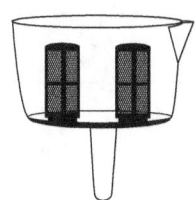

Use um funil filtrante para filtrar previamente para ajudar a manter água e sujeiras fora do tanque

Coador de água com tampa superior são mais fáceis de usar. Coador com tampa superior proporciona a limpeza do cesto do filtro mais fácil. Se o anel de vedação vazar, ar será aspirado para dentro ada bomba de água salgada.

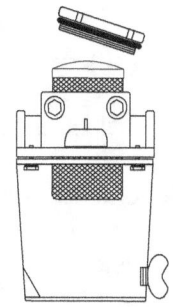

Informações da Embarcação

Marca e Modelo da Embarcação _____

_____ Ano de Fabricação _____

Comprimento Total (LOA) _____ Número do Casco _____

Deslocamento _____ Peso Seco _____ Boca _____

Licença/Registro _____ Renovação _____

Localização _____ papel ⬭ pdf ⬭

MMSI _____ Sinal de Chamada _____

Companhia Seguradora _____

Endereço _____

Telefone _____

Email _____

Apólice No: _____ Data de Renovação _____

Localização _____papel ⬭ pdf ⬭

Nota _____

Detalhes de Contato – Estaleiro, Marina & Mecânico _____

Nome/Endereço _____

Telefones _____

Email _____

Nome/Endereço _____

Telefones _____

Email _____

Nome/Endereço _____

Telefones _____

Email _____

Inventário do Sistema Diesel

Motor de Bombordo

Marca & Modelo _____ Ano _____

Número de Série_____ Potência (HP kW) _____ Nº. Cilindros ____

Horas de Uso_____ Data_____ H de Uso _____ Data _____

Rotação_____ Revisão/Remontagem _____

Calços do Motor   Marca e Modelo _____ Data da Instalação_____ / ____ /

Manuais do Motor   Operação ◯   Workshop ◯   Sobressalentes ◯   papel ◯   pdf ◯

Veja lista completa de manuais na página 33

Motor de Boreste

Inventário

Marca & Modelo _____ Ano _____

Número de Série_____ Potência (HP kW) _____ Nº. Cilindros ____

Horas de Uso_____ Data_____ H de Uso _____ Data _____

Rotação_____ Revisão/Remontagem _____

Calços do Motor   Marca e Modelo _____ Data da Instalação_____ / ____ /

Manuais do Motor   Operação ◯   Workshop ◯   Sobressalentes ◯   papel ◯   pdf ◯

Veja lista completa de manuais na página 33

Localização de todos os passa cascos – arrefecimento do motor, pia, sanitário etc.

passa casco

Localização

- Tanques de combustível
- Bocais de abastecimento de combustível
- Respiro do tanque de diesel
- Mangueiras de combustível
- Válvulas de fechamento
- Fiação do sensor de combustível

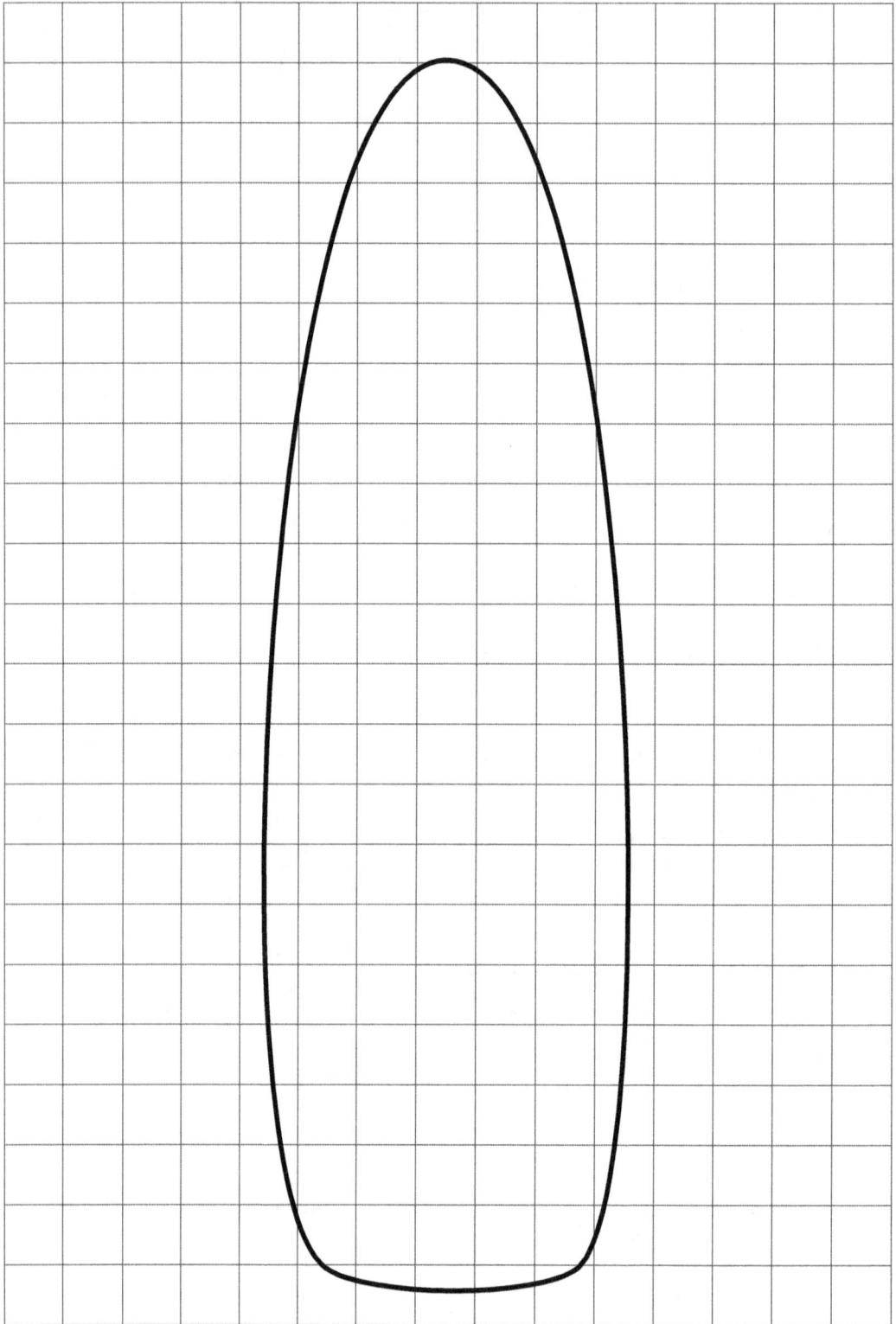

Tanques de Diesel

Número de tanques _____ Capacidade Total _____ Litros

Tanque de Diesel Nº 1 Capacidade _____ Litros

Material de
Construção _____ Ano _____

Reparos _____

Diâmetro e ano
de instalação das   Mang. de alimentação _____ mm   Mang. de abastecer _____ mm
mangueiras
            Mang. do suspiro _____ mm   Mang. de retorno _____ mm

Identificação das válvulas de diesel

fechar válvulas
entre tanques

conhecer a localização das
válvulas pode ajudar a prevenir
alagamentos em caso de falha
em mangueiras

Inventário

Tanque de Diesel Nº 2 Capacidade _____ Litros

Material de
Construção _____ Ano _____

Reparos _____

Diâmetro e ano
de instalação das   Mang. de alimentação _____ mm   Mang. de abastecer _____ mm
mangueiras
            Mang. do suspiro _____ mm   Mang. de retorno _____ mm

Tanque de Diesel Nº 3 Capacidade _____ Litros

Material de
Construção _____ Ano _____

Reparos _____

Diâmetro e ano
de instalação das   Mang. de alimentação _____ mm   Mang. de abastecer _____ mm
mangueiras
            Mang. do suspiro _____ mm   Mang. de retorno _____ mm

Filtros de Diesel

Motor de Bombordo

Filtro diesel **_primário_** – marca e modelo _____

Elemento filtrante nº: _____ Porosidade _____ µm

Nota _____

Motor de Boreste

Filtro diesel **_primário_** – marca e modelo _____

Elemento filtrante nº: _____ Porosidade _____ µm

Nota _____

Projetos de 5 tipos de filtros primários de diesel com o objetivo de remover água e sujeira do diesel do tanque

Motor de Bombordo

Filtro diesel **_secundário_** – marca e modelo _____

Elemento filtrante no _____ Porosidade _____ µm

Nota _____

Motor de Boreste

Filtro diesel **_secundário_** – marca e modelo _____

Elemento filtrante no _____ Porosidade _____ µm

Nota _____

Bombas Alimentadoras e de injeção de Diesel

Motor de Bombordo

Bomba alimentadora   Acionada pelo motor ☐   Elétrica ☐   Bomba Auxiliar   Sem ☐

Com ☐

Número _____

Bomba Injetora – marca e modelo _____

Tipo de bomba injetora

Mecânica - em linha ☐   Eletrônica (common rail) ☐

Mecânica – distribuidor ☐   Eletrônica – distribuidor rotativo ☐

Bomba injetora manual   Não ☐   Sim ☐   Localização _____

Nota _____

Inventário

Motor de Boreste

Bomba alimentadora   Acionada pelo motor ☐   Elétrica ☐   Bomba Auxiliar   Sem ☐

Com ☐

Número _____

Bomba Injetora – marca e modelo _____

Tipo de bomba injetora

Mecânica - em linha ☐   Eletrônica (common rail) ☐

Mecânica – distribuidor ☐   Eletrônica – distribuidor rotativo ☐

Bomba injetora manual   Não ☐   Sim ☐   Localização _____

Tamanho Micrométrico: quanto pequeno é algo pequeno?

100 microns (µm)
1 grão de areia

30 µm   boa visão humana

5 – 20 µm
partículas no
óleo usado

Sujeiras no filtro de diesel
primário podem ser diminutas

10 µm
filtro de diesel
primário

2 µm
filtro de diesel
secundário

8 µm
hemácias

Lubrificação do Motor

Motor de Bombordo

Capacidade de óleo do motor _____ Litros

Marca & grau usado _____

Nº do filtro de óleo _____

Nº do filtro de óleo alternativo _____

Arrefecedor de óleo   não ☐   sim ☐   Filtro do respiro do cárter   não ☐   sim ☐

Notas _____

_____

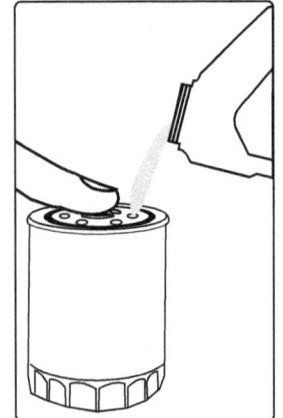

Cobrir o furo central
para pré-encher o filtro

Engraxe **ambas** as extremidades de todos os cabos de controle
Previne ferrugem e corrosão:
- Acelerador
- Vante e ré
- Estrangulador (caso não tenha solenoide)

Engraxe roscas dos calços do motor
para evitar emperrar
Pode dificultar o alinhamento do motor

Engraxe Cabos de Controle do Motor

Motor de Boreste

Capacidade de óleo do motor _____ Litros

Marca & grau usado _____

Nº do filtro de óleo _____

Nº do filtro de óleo alternativo _____

Arrefecedor de óleo   não ☐   sim ☐   Filtro do respiro do cárter   não ☐   sim ☐

Notas _____

_____

Lubrificação do Motor

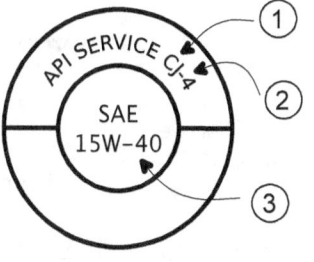

API/SAE "donut"

API/SAE "donut"

A figura do API/SAE nos frascos de óleo lubrificante informam três tipos de informação sobre as especificações do óleo:

1. C – diesel/compressão *ou* S – gasolina/centelha
2. J – categoria de serviço – último padrão para modelos mais novos
3. Viscosidade –grau múltiplo ou único (ex. SAE30)

O fluxo de óleo adequado em todas as temperaturas requer óleo que não seja muito espesso quando frio nem muito fino na temperatura normal de operação do motor. Um número baixo indica óleo mais fino e de menor viscosidade. Os óleos de grau múltiplo (isto é, óleos misturados) proporcionam um desempenho ideal numa ampla faixa de temperatura ambiente e são importantes para a partida do motor em climas frios. Os óleos de grau único (SAE30 ou "somente 30") proporcionam um serviço otimizado em uma faixa estreita de temperatura.

Os óleos de grau múltiplo têm dois números separados pela letra "W" para inverno ou partida a frio (por exemplo, 10W30 ou "dez-trinta"). Um 10W30 tem a mesma viscosidade quando frio do SAE10 puro e a mesma viscosidade quando quente do SAE30.

Inventário

Aditivos no Óleo Lubrificante

Os aditivos constituem 15-25% do óleo lubrificante do motor diesel e são ingredientes especiais que melhoram o desempenho do motor e reduzem o desgaste. Os aditivos se esgotam com o tempo, por isso é fundamental trocar o óleo com a frequência especificada pelo fabricante, se o motor superaquecer ou se for necessário usar um óleo de qualidade inferior (por exemplo, era o que estava disponível). Nove tipos de aditivos são usados; cada um tem uma função específica:

1. <u>Dispersantes</u> – ajudam a manter os contaminantes em suspensão no óleo até que sejam removidos pelo filtro de óleo, evitando a formação de depósitos de carbono na forma de lama.

2. <u>Detergentes</u> – ajudam a interromper a formação de depósitos de carbono em superfícies a altas temperaturas, tais como pistões e rolamentos.

3. <u>Antidesgaste</u> – a lubrificação é essencial para evitar que superfícies metal-metal se desgastem com o tempo.

4. <u>Redutores ou modificadores de fricção</u> – altera a qualidade da fricção do óleo reduzindo o desgaste e aumentando a economia de combustível.

5. <u>Antioxidante / inibidor de corrosão</u> – reduz a exposição ao oxigênio a altas temperaturas; a oxidação de óleo usados contribui para formação de lama e redução da viscosidade.

6. <u>Antiespumante</u> – reduz a formação de bolhas de ar durante a circulação do óleo; bolhas de ar podem conter gases da combustão que causam corrosão localizada e a presença de ar é a ausência de lubrificação.

7. <u>Inibidor de corrosão/ferrugem</u> – recobre superfícies para prevenir ferrugem e neutraliza ácidos, tais como o ácido sulfúrico formado pelo contato do vapor de água e o enxofre no combustível.

8. <u>Melhorador do índice de viscosidade</u> – modifica a viscosidade reduzida do óleo a altas temperaturas, melhorando a performance a baixas temperaturas.

9. <u>Redutor do ponto de fluidez</u> – usado em óleo de grau múltiplo para melhorar a fluidez a baixas temperaturas, o que faz a partida do motor a frio facilitada em climas frios.

Arrefecimento do Motor

Motor de Bombordo

Tipo de arrefecimento   água salgada ☐   quilha ☐   ar ☐

indireto ☐   direto ☐

Tipo de registro _____ Data da instalação ____ / ____ / ____

Marca e modelo do filtro _____ Data da instalação ____ / ____ / ____

Mangueiras de água – tamanho _____ Data da instalação ____ / ____ / ____

Bomba de água salgada – marca e modelo _____

Tipo de bomba   engrenagem ☐   correia ☐   Nº de série: _____

Marca de modelo do rotor _____

Marca e modelo alternativo _____

Marca e modelo do trocador de calor _____

Marca e modelo do eliminador de sifão _____

Amarre um tampão de madeira para cada registro para ser usado caso se a mangueira ou o registro apresentar problema.

Capacidade de líquido de arrefecimento _____ Litros

Última Troca _____ / _____ / _____ Último lavagem/limpeza ____ / ____ / ____

Marca do líquido de arrefecimento/anticongelante _____

Notas _____

_____

_____

_____

_____

Arrefecimento do Motor

Motor de Boreste

Tipo de arrefecimento água salgada ☐   quilha ☐   ar ☐

indireto ☐   direto ☐

Tipo de registro _____ Data da instalação ____ / ____ / ____

Marca e modelo do filtro _____ Data da instalação ____ / ____ / ____

Mangueiras de água – tamanho _____ Data da instalação ____ / ____ / ____

Bomba de água salgada – marca e modelo _____

Tipo de bomba   engrenagem ☐   correia ☐   Nº de série _____

Marca de modelo do rotor _____

Inventário

Marca e modelo alternativo _____

Marca e modelo do trocador de calor _____

Marca e modelo do eliminador de sifão _____

Arrefecedor de óleo é também um trocador de calor – geralmente instalado em motores maiores. Checar se tem anodo instalado.

Capacidade de líquido de arrefecimento _____ Litros

Última Troca _____ / _____ / _____ Último lavagem/limpeza ____ / ____ / ____

Marca do líquido de arrefecimento/anticongelante _____

Notas _____

_____

_____

_____

_____

Respiros – Entrada de e Saída de Ar

Motor de Bombordo

Entrada de Ar

Filtro de ar instalado   não ◯   sim ◯   Tipo _____

Exaustor mecânico de admissão   não ◯   sim ◯   Nº modelo _____

Exaustor mecânico de exaustão   não ◯   sim ◯   Nº modelo _____

Turbocharger   não ◯   sim ◯   marca e modelo _____

Pós intercooler   não ◯   sim ◯   marca e modelo _____

Notas _____

_____

_____

retirar o fecho para remover o cartucho

o cartucho pode ser limpo ou trocado

A espuma do filtro de ar pode ser lavada em água morna com sabão

Alguns cartuchos podem ser limpos com uma escova

Exaustão de Ar

Tipo de exaustão   úmida ◯   seca ◯   _____

Tubo de escape – material de construção   ferro fundido ◯   aço inox ◯   outro ◯

Data da instalação / último reparo _____

Mangueira de exaustão – φ int. e ext. _____

_____ Data da instalação _____ / _____ / _____

Silenciador/elevador de água – marca e modelo _____

Registro de drenagem   não ◯   sim ◯

Notas _____

Respiros – Entrada de e Saída de Ar

Motor de Boreste

Entrada de Ar

Filtro de ar instalado   não ⬭   sim ⬭   Tipo _____

Exaustor mecânico
de admissão   não ⬭   sim ⬭   N° modelo _____

Exaustor mecânico
de admissão   não ⬭   sim ⬭   N° modelo _____

Turbocharger   não ⬭   sim ⬭   marca e modelo _____

Pós intercooler   não ⬭   sim ⬭   marca e modelo _____

Notas _____

_____ **Inventário**

_____

limpe depósitos e
ferrugem do cotovelo
com um fio rígido

um dreno no waterlock
pode ser útil

pequenos orifícios podem
facilmente serem obstruídos
por pedaços do rotor

Exaustão de Ar

Tipo de exaustão   úmida ⬭   seca ⬭   _____

Tubo de escape
– material de construção   ferro fundido ⬭   aço inox ⬭   outro ⬭

Data da instalação / último reparo _____

Mangueira de exaustão – φ int. e ext. _____

_____ Data da instalação ____ / ____ / ____

Silenciador/elevador de água – marca e modelo _____

Registro de drenagem   não ⬭   sim ⬭

Notas _____

Elétrica – Baterias

Painéis solares instalados _____ watts   Gerador eólico _____ watts

No de bancos de baterias _____ Total de potencia dos alternadores _____ A
(todos os cascos)

Total de corrente quando em paralelo com as baterias de partida _____ A

Motor de Bombordo – Banco de baterias de partida

Nº de baterias _____   Voltage   6V ◯   12V ◯   24V ◯   Voltagem de trabalho _____ V

Tipo de bateria   célula molhada ◯   aberta ◯   Gel ◯   AGM ◯   Lítio ◯
                                        selada ◯

CCA* de partida _____ A   MCA* de partida _____ A   A/h _____

Marca e modelo _____

Tamanho do grupo _____ Data da instalação _____ / _____ / _____

Notas _____

Motor de Boreste – Banco de baterias de partida

Nº de baterias _____   Voltage   6V ◯   12V ◯   24V ◯   Voltagem de trabalho _____ V

Tipo de bateria   célula molhada ◯   aberta ◯   Gel ◯   AGM ◯   Lítio ◯
                                        selada ◯

CCA* de partida _____ A   MCA* de partida _____ A   A/h _____

Marca e modelo _____

Tamanho do grupo _____ Data da instalação _____ / _____ / _____

Notas _____

Outro banco de baterias

Nº de baterias _____   Voltage   6V ◯   12V ◯   24V ◯   Voltagem de trabalho _____ V

Tipo de bateria   célula molhada ◯   aberta ◯   Gel ◯   AGM ◯   Lítio ◯
                                        selada ◯

CCA* de partida _____ A   MCA* de partida _____ A   A/h _____

Marca e modelo _____

Tamanho do grupo _____ Data da instalação _____ / _____ / _____

Notas _____

---

*CCA – Cold Cranking Amps   *ver página 267*   *MCA – Marine Cranking Amps
Amperagem de partida a frio   Amperagem de Partida Marinha

Elétrica – Anodos

Anodo da motor de bombordo não ☐ sim ☐

Tipo zinco ☐ alumínio ☐ magnésio ☐ Tamanho_____

Localização no eixo _____

Anodo(s) no motor de boreste não ☐ sim ☐

Tipo zinco ☐ alumínio ☐ magnésio ☐ Tamanho_____

Localização no eixo _____

Ver também rabetas p30

Tipos de Anodos
Zinco – água salgada
Magnésio – água doce
Alumínio – água salgada, doce
ou salobra

Inventário

não misturar tipos diferentes de anodos

Anodo da hélice de boreste não ☐ sim ☐

Tipo zinco ☐ alumínio ☐ magnésio ☐ Tamanho_____

Localização no eixo _____

Anodo da hélice de bombordo não ☐ sim ☐

Tipo zinco ☐ alumínio ☐ magnésio ☐ Tamanho_____

Localização no eixo _____

Total de anodos instalados _____ Localização – motor, eixo propulsão, hélice, casco

Elétrica – Alternadores

Número total de alternadores _____ Total de potência _____ W

Motor de Bombordo

Alternador Nº 1

Marca e modelo _____

Potência de Saída _____ W   Data da   _____/_____/_____
                                    instalação

Tipo de correia   tipo-V ☐   serpentina ☐

Comprimento externo   Largura de topo _____ Profundidade _____mm
da correia

Nº de série da correia _____

Regulador   interno ☐
de voltagem   externo ☐   Marca e modelo _____

        3 estágios inteligente ☐   Data da instalação _____/_____/_____

Notas _____

_____

_____

_____

Alternador Nº 2

Marca e modelo _____

Potência de Saída _____ W   Data da   _____/_____/_____
                                    instalação

Tipo de correia   tipo-V ☐   serpentina ☐

Comprimento externo   Largura de topo _____ Profundidade _____mm
da correia

Nº de série da correia _____

Regulador   interno ☐
de voltagem   externo ☐   Marca e modelo _____

        3 estágios inteligente ☐   Data da instalação _____/_____/_____

Notas _____

_____

_____

_____

Elétrica – Alternadores

Motor de Bordeste

Alternador Nº 1

Marca e modelo _____

Potência de Saída _____ W   Data da instalação ____ / _____ / _____

Tipo de correia   tipo-V ◯   serpentina ◯

Comprimento externo da correia   Largura de topo _____ Profundidade _____mm

Nº de série da correia _____

Regulador de voltagem   interno ◯   externo ◯   Marca e modelo _____

     3 estágios inteligente ◯   Data da instalação ____ / _____ / _____

Inventário

Notas _____

_____

Muita tensão deforma e danifica os rolamentos do alternador
e compromete o alinhamento

Pouca tensão rapidamente irá destruir a correia
Pó preto indica pouca tensão ou desalinhamento

Alternador Nº 2

Marca e modelo _____

Potência de Saída _____ W   Data da instalação ____ / _____ / _____

Tipo de correia   tipo-V ◯   serpentina ◯

Comprimento externo da correia   Largura de topo _____ Profundidade _____mm

Nº de série da correia _____

Regulador de voltagem   interno ◯   externo ◯   Marca e modelo _____

     3 estágios inteligente ◯   Data da instalação ____ / _____ / _____

Notas _____

_____

Caixa de Engrenagem / Transmissão

Motor de Bombordo

Marca e modelo da Transmissão _____

_____

Nº de série _____

Tipo   hidráulica ☐   mecânica ☐   Data da instalação _____ / _____ / _____

Óleo ou ATF _____ Capacidade de fluido _____ L

Taxa de redução   Posição A _____ Posição B _____

Arrefecedor da transmissão (trocador de calor)   não ☐   sim ☐

Anodo   não ☐   sim ☐   zinco ☐   alumínio ☐   magnésio ☐

Placa de acionamento /
placa amortecedora – tipo _____

Data da última inspeção _____ / _____ / _____

Transmissão   Tamanho do eixo de entrada _____ mm   nº de dentes _____

                Tamanho do eixo de saída _____ mm   nº de dentes _____

Nota _____

Acoplamento flexível   não ☐   sim ☐   Data da instalação _____ / _____ / _____

Marca e modelo _____

Posição da engrenagem velejando*   neutro (livre) ☐   engrenado ☐   eixo travado ☐

*Sempre verificar o manual – depende do tipo de caixa de engrenagem

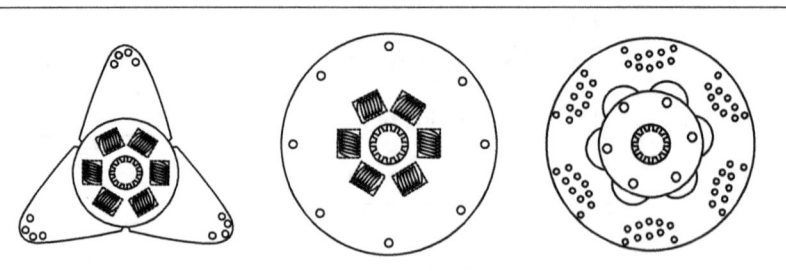

3 tipos de caixa de placa de acionamento / placa amortecedora

Caixa de Engrenagem / Transmissão

Motor de Boreste

Marca e modelo da Transmissão _____

_____

Nº de série _____

Tipo   hidráulica ◯   mecânica ◯   Data da instalação _____ / _____ / _____

Óleo ou ATF_____ Capacidade de fluido _____ L

Taxa de redução   Posição A _____ Posição B _____

Arrefecedor da transmissão (trocador de calor)   não ◯   sim ◯

Ânodo   não ◯   sim ◯   zinco ◯   alumínio ◯   magnésio ◯

Inventário

Placa de acionamento /
placa amortecedora – tipo _____

Data da última inspeção   _____ / _____ / _____

Transmissão   Tamanho do eixo de entrada _____ mm   nº de dentes _____

              Tamanho do eixo de saída _____ mm   nº de dentes _____

Nota_____

Acoplamento flexível   não ◯   sim ◯   Data da instalação _____ / _____ / _____

Marca e modelo _____

Posição da engrenagem velejando*   neutro (livre) ◯   engrenado ◯   eixo travado ◯

   *Sempre verificar o manual – depende do tipo de caixa de engrenagem

---

Notas_____

_____

_____

_____

_____

Eixos de Propulsão e Selo Mecânico

Motor de Bombordo

Eixo do hélice

Diâmetro do eixo _____mm / polegada*

*usar decimais para maior precisão

Data da instalação _____/_____/_____

Material do eixo   aço inox ☐   bronze ☐   outro ☐ _____

Para medir corretamente o cone do eixo do hélice, ver página 28

Selo mecânico

Tipo de selo   lábio sem gotejamento ☐   face sem gotejamento ☐   gaxeta ☐

Marca e modelo _____

Tamanho _____ Data da instalação _____/_____/_____

Manual _____ papel ☐   pdf ☐

Selo de face sem gotejamento

Selo de lábio sem gotejamento

Rolamento de manga marca e modelo _____

Material de construção   latão/borracha ☐   compósito/borracha ☐   borracha/borracha ☐

Data da instalação _____/_____/_____

suporte no eixo

rolamento de manga

eixo do hélice

Medidas

mm ☐

polegada ☐

comp. do suporte do eixo

diâmetro interno

diâmetro externo

diâmetro interno

diâmetro externo

_____   _____   _____   _____   _____

Eixos de Propulsão e Selo Mecânico

Motor de Boreste

Eixo do hélice

Diâmetro do eixo _____mm / polegada*

*usar decimais para maior precisão

Data da instalação _____/_____/_____

Material do eixo   aço inox ☐   bronze ☐   outro ☐ _____

Para medir corretamente o cone do eixo do hélice, ver página 28

Selo mecânico

Tipo de selo   lábio sem gotejamento ☐   face sem gotejamento ☐   gaxeta ☐

Marca e modelo _____

Tamanho _____   Data da instalação _____/_____/

| Inventário |

Manual_____ papel ☐ pdf ☐

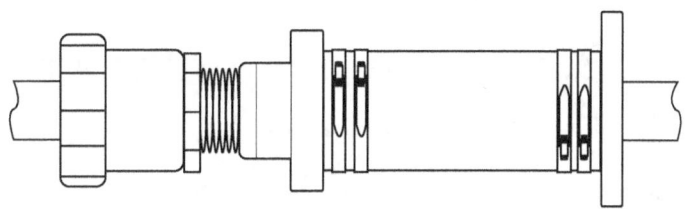

Gaxeta Tradicional de bronze

Rolamento de manga marca e modelo _____

Material de construção   latão/borracha ☐   compósito/borracha ☐   borracha/borracha ☐

Data da instalação _____/_____/_____

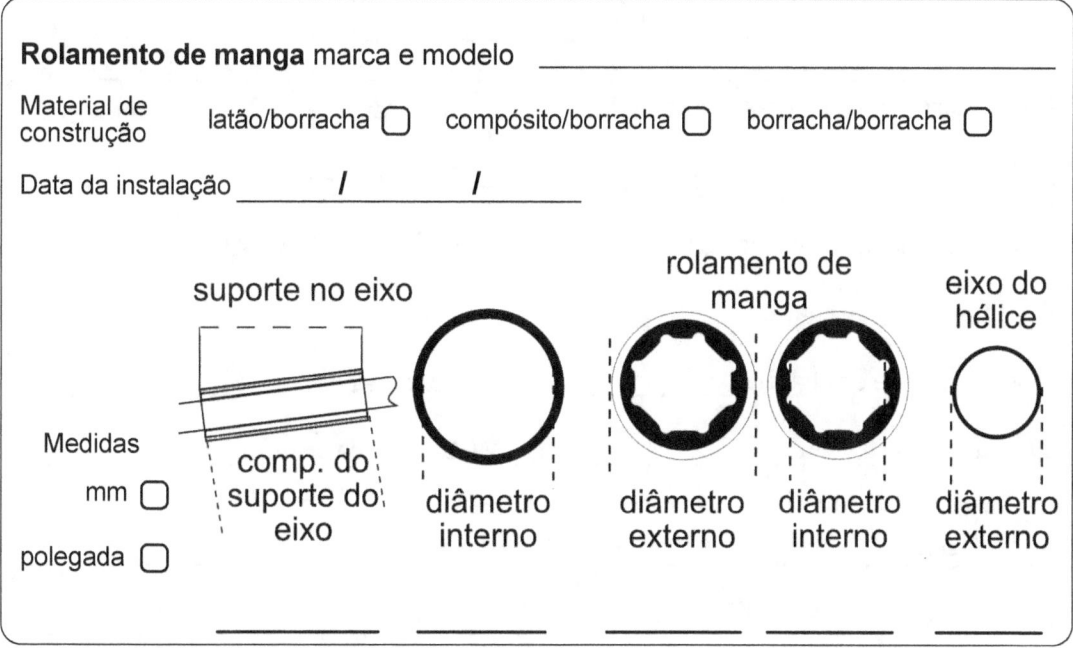

suporte no eixo

rolamento de manga

eixo do hélice

Medidas

mm ☐

polegada ☐

comp. do suporte do eixo

diâmetro interno

diâmetro externo

diâmetro interno

diâmetro externo

Hélices

Motor de Bombordo

Tipo de hélice   pás fixas ◯   variável ◯   folding ◯   Direção da rotação

Material de construção   bronze ◯   aço inox ◯   alumínio ◯   Esquerdo (LH) ◯

Direito (RH) ◯

Nº de pás   2 ◯   3 ◯   4 ◯   5 ◯

Dimensões do hélice   Diâmetro _____ pol.   Passo _____ pol.

Fabricante e nº de série _____

Código do hélice (ex. 18LH12) _____ Data da instalação ____/____/____

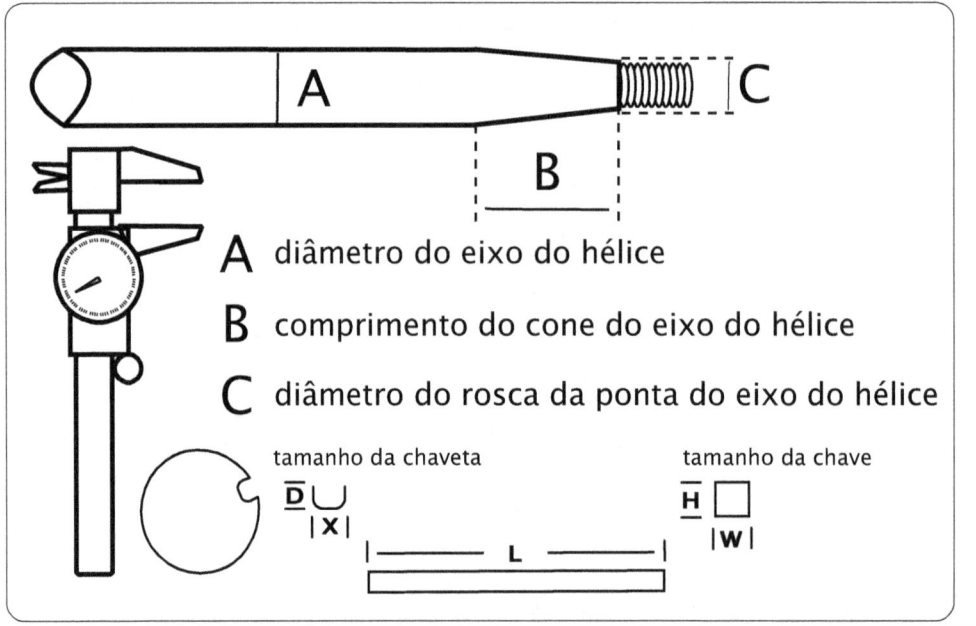

A   diâmetro do eixo do hélice

B   comprimento do cone do eixo do hélice

C   diâmetro do rosca da ponta do eixo do hélice

tamanho da chaveta   tamanho da chave

Cone o eixo do hélice para ajuste no hélice   medidas   mm ◯   polegada* ◯

A Diâmetro do eixo do hélice _____ Tamanho da rosca** _____

B Tamanho do cone do eixo do hélice _____ C Diâm. do eixo do hélice _____

L Comprimento da chaveta _____

D Profundidade da chaveta_____ H Altura da chave _____

W Largura da chaveta _____ W Largura da chave _____

    * Usar decimal da polegada para maior precisão

    ** <u>métrica</u> – abertura do fio   <u>polegada.</u> – fios por polegada

*Nota*_____

Hélices

Motor de Boreste

Tipo de hélice   pás fixas ⬭   variável ⬭   folding ⬭   Direção da rotação

Material de construção   bronze ⬭   aço inox ⬭   alumínio ⬭   Esquerdo (LH) ⬭

Nº de pás   2 ⬭   3 ⬭   4 ⬭   5 ⬭   Direito (RH) ⬭

Dimensões do hélice   Diâmetro _____ pol.   Passo _____ pol.

Fabricante e nº de série _____

Código do hélice (ex. 18LH12) _____ Data da instalação ____/_____/____

---

3 tipos de hélices

Inventário

16 RH 14

hélice dobrável
aberta e fechada

hélice de passo variável

pás fixas
número da hélice

Cone o eixo do hélice para ajuste no hélice   medidas   mm ⬭   polegada* ⬭

A Diâmetro do eixo do hélice _____   Tamanho da rosca** _____

B Tamanho do cone do eixo do hélice _____   C Diâm. do eixo do hélice _____

L Comprimento da chaveta _____

D Profundidade da chaveta_____   H Altura da chave _____

W Largura da chaveta _____   W Largura da chave _____

   * Usar decimal da polegada para maior precisão
   ** métrica – abertura do fio   polegada. – fios por polegada

---

Nota _____

Rabetas

Motor de Bombordo

Marca e modelo _____

Nº de série _____ Data da instalação _____/_____/_____

Data da instalação/renovação do selo (diafragma) do casco _____/_____/_____

Capacidade de óleo da caixa de engrenagem inferior _____Litros

Óleo utilizado – marca e grau _____

Nº de anodos _____ Tipo zinco ☐ alumínio ☐ magnésio ☐

Localização do anodo _____ Nº de série _____

Localização do anodo _____ Nº de série _____

Localização do anodo _____ Nº de série _____

Manual do Operador da Rabeta* ☐   Manual de Serviço ☐   papel ☐ pdf ☐

*veja a lista completa de manuais na página 33

Motor de Boreste

Marca e modelo _____

Nº de série _____ Data da instalação _____/_____/_____

Data da instalação/renovação do selo (diafragma) do casco _____/_____/_____

Capacidade de óleo da caixa de engrenagem inferior _____Litros

Óleo utilizado – marca e grau _____

Nº de anodos _____ Tipo zinco ☐ alumínio ☐ magnésio ☐

Localização do anodo _____ Nº de série _____

Localização do anodo _____ Nº de série _____

Localização do anodo _____ Nº de série _____

Manual do Operador da Rabeta* ☐   Manual de Serviço ☐   papel ☐ pdf ☐

*veja a lista completa de manuais na página 33

Outros Motores – gerador, externo etc.

Marca e modelo do Motor _____ Ano _____

Combustível   diesel ◯   gasolina ◯   outro ◯ _____

Nº de série _____ Potência (HP kW) _____ Nº de cilindros _____

Horas do motor _____ Data _____/_____/_____

Horas do motor _____ Data _____/_____/_____

Rotação _____ rpm   Refeito (overhaul) _____

Manual do Motor   Operador ◯   Serviço ◯   Sobressalentes ◯   papel ◯   pdf ◯

Localização _____

veja lista completa de manuais na página 33

Inventário

Marca e modelo do Motor _____ Ano _____

Combustível   diesel ◯   gasolina ◯   outro ◯ _____

Nº de série _____ Potência (HP kW) _____ Nº de cilindros _____

Horas do motor _____ Data _____/_____/_____

Horas do motor _____ Data _____/_____/_____

Rotação _____ rpm   Refeito (overhaul) _____

Manual do Motor   Operador ◯   Serviço ◯   Sobressalentes ◯   papel ◯   pdf ◯

Localização _____

Notas _____

_____

_____

_____

_____

_____

_____

Lista de Sobressalentes – Itens de manutenção do Motor

item	quant.	localização
filtro 1º diesel		
filtro 2º diesel		
filtro de óleo		
correias		
anodos		
rotores		
óleo motor		
óleo transmissão		
fluido arrefecedor		

Lista de Sobressalentes – Componentes do Motor

item	localização
bomba de diesel	
bomba injetora	
linhas de injeção	
injetores	
anéis de cobre (assentos para injetores)	
bomba água salgada	
válvula termostática	
alternador	
mangueiras	

Manuais

Motor de Bombordo

        Manual do Operador ◯   Manual de Serviço ◯   Manual de Peças ◯

Localização _____ papel ◯ pdf ◯

Motor de Boreste

        Manual do Operador ◯   Manual de Serviço ◯   Manual de Peças ◯

Localização _____ papel ◯ pdf ◯

Transmissão de Bombordo

        Manual do Operador ◯   Manual de Serviço ◯   Manual de Peças ◯

Localização _____ papel ◯ pdf ◯

Transmissão de Boreste

        Manual do Operador ◯   Manual de Serviço ◯   Manual de Peças ◯

Localização _____ papel ◯ pdf ◯ **Inventário**

Manuais Elétricos de Bombordo

        Bateria ◯   Alternador ◯   Regulador ◯

Localização _____ papel ◯ pdf ◯

Manuais Elétricos de Boreste

        Bateria ◯   Alternador ◯   Regulador ◯

Localização _____ papel ◯ pdf ◯

Rabeta de Bombordo

        Manual do Operador ◯   Manual de Serviço ◯   Manual de Peças ◯

Localização _____ papel ◯ pdf ◯

Rabeta de Boreste

        Manual do Operador ◯   Manual de Serviço ◯   Manual de Peças ◯

Localização _____ papel ◯ pdf ◯

Manual do Selo mecânico de Boreste ◯   **Manual do Selo mecânico de Bombordo** ◯

Localização _____ papel ◯ pdf ◯

Manual do Hélice de Bombordo ◯   **Manual do Hélice de Boreste** ◯

Localização _____ papel ◯ pdf ◯

Outros Manuais _____

_____

Outros Equipamentos

Outros Equipamentos

Inventário

Planejamento das Tarefas de Manutenção

DIARIAMENTE ou antes de operar	Motor Bombordo	Motor Boreste
inspeção visual sala de máquinas		
checar tensão da correia		
manter tensão das baterias e checar voltagem		
checar nível do óleo lubrificante		
checar nível do fluido de arrefecimento adicionar mais conforme necessário		

veja desenhos das inspeções nas páginas 46-61

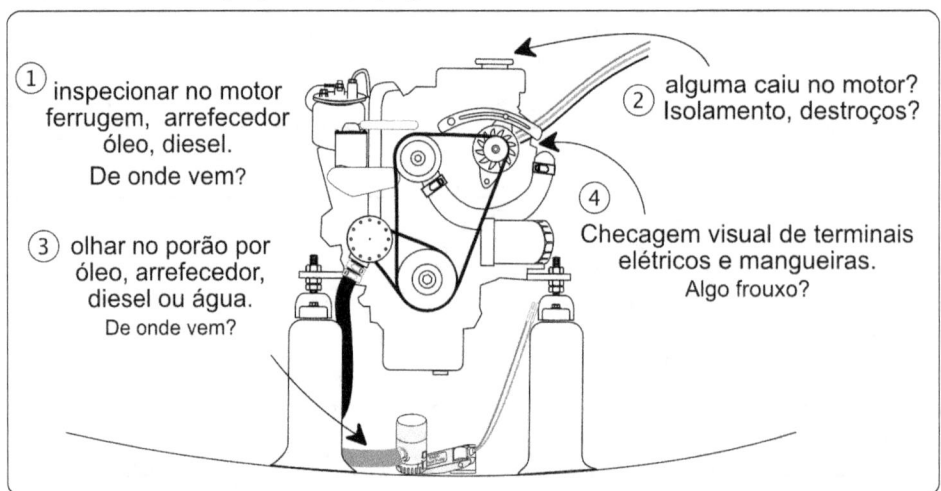

① inspecionar no motor ferrugem, arrefecedor óleo, diesel. De onde vem?

② alguma caiu no motor? Isolamento, destroços?

③ olhar no porão por óleo, arrefecedor, diesel ou água. De onde vem?

④ Checagem visual de terminais elétricos e mangueiras. Algo frouxo?

Tarefas SEMANAIS	Motor Bombordo	Motor Boreste
checar nível do fluido de transmissão		
inspecionar mangueiras e abraçadeiras		
inspecionar e ajustar sistema anti-atrito		
inspecionar as correias		
inspecionar a condição do arrefecedor		
inspecionar da vareta de óleo lubrificante		
inspecionar a vareta do fluido de transmissão		
checar a voltagem da bateria em circuito aberto com multímetro		

Marine Diesel Basics1 mostra como realizar todas as tarefas com desenhos claros e textos simples

MENSAIS	Motor Bombordo	Motor Boreste
inspecionar polias		
checar alinhamento de correias e polias		
ajustar alinhamento de polias quando necessário		
apertar correias de alternador e bomba de água		
limpar ao redor de bombas e bicos injetores		
checar anti sifão e limpar se necessário		

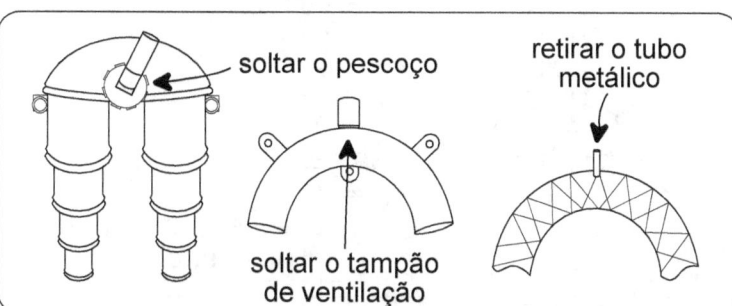

soltar o pescoço

soltar o tampão de ventilação

retirar o tubo metálico

Um antisifão entupido permite água salgada alagar o motor

Tarefas de Manutenção

	Motor Bombordo	Motor Boreste
checar e limpar filtro de ar se necessário		
manter terminais e conectores de baterias apertados		
limpar terminais e plugs das baterias		
checar nível de líquido das baterias (célula úmida)		
limpar o hélice e eixo (quando necessário)		

TRIMESTRAIS	Motor Bombordo	Motor Boreste
inspecionar bocal de abastecimento do convés		
adicionar biocida no tanque de diesel ao encher		
checar o bom fluxo de ar na casa de máquinas		
checar acoplamento entre a transmissão e o eixo		
inspecionar a gaxeta		

SAZONAIS	Motor Bombordo	Motor Boreste
checar óleo e filtro (ver manual do motor)		
checar óleo de transmissão		
checar a condição dos calços do motor		
engraxar terminais dos cabos de controle e roscas dos calços do motor		
checar bomba de injeção e vareta do governor (se existe)		

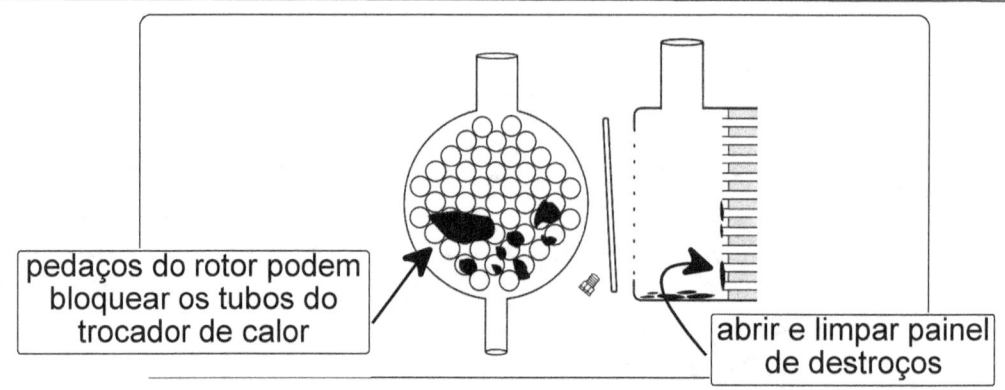

pedaços do rotor podem bloquear os tubos do trocador de calor

abrir e limpar painel de destroços

SEMESTRAIS	Motor Bombordo	Motor Boreste
checar e trocar anodo do trocador de calor		
checar o anodo do hélice		
checar o anodo do hélice de passo regulável		

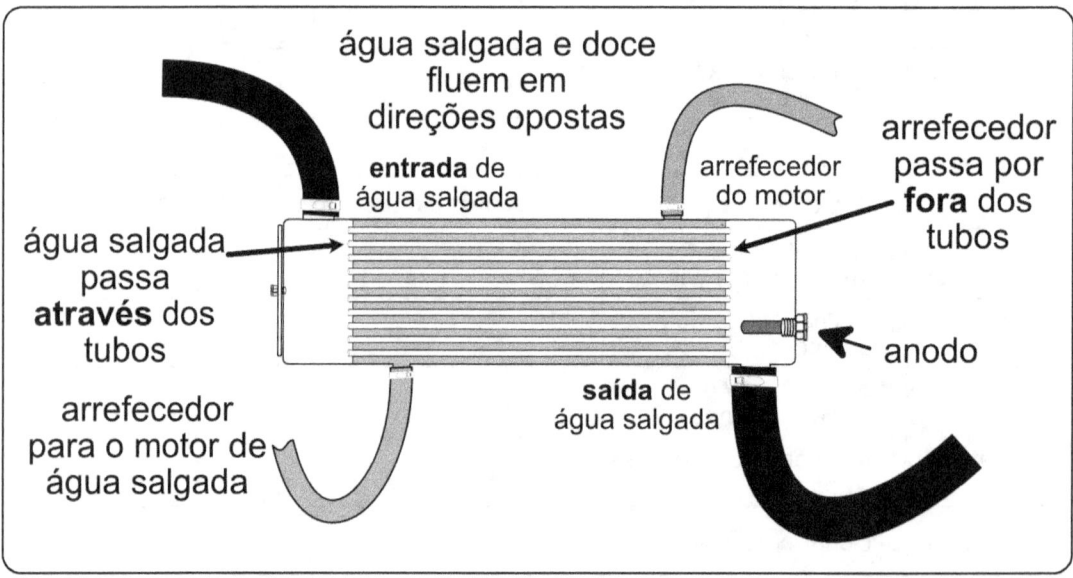

água salgada e doce fluem em direções opostas

entrada de água salgada

arrefecedor do motor

arrefecedor passa por fora dos tubos

água salgada passa através dos tubos

anodo

saída de água salgada

arrefecedor para o motor de água salgada

ANUAIS	Motor Bombordo	Motor Boreste
trocar o filtro de diesel 1º (usar filtro de 10 µm)		
Trocar o filtro de diesel 2º (usar filtro de 2 µm)		
sangrar o sistema de diesel (se necessário)		
checar o tanque de diesel por contaminações		
lubrificar o orificio da chave de ignição		
limpar a entrada de água do casco		
checar os tampões de emergência dos passa cascos		

ver desenhos de inspeções nas páginas 46-61

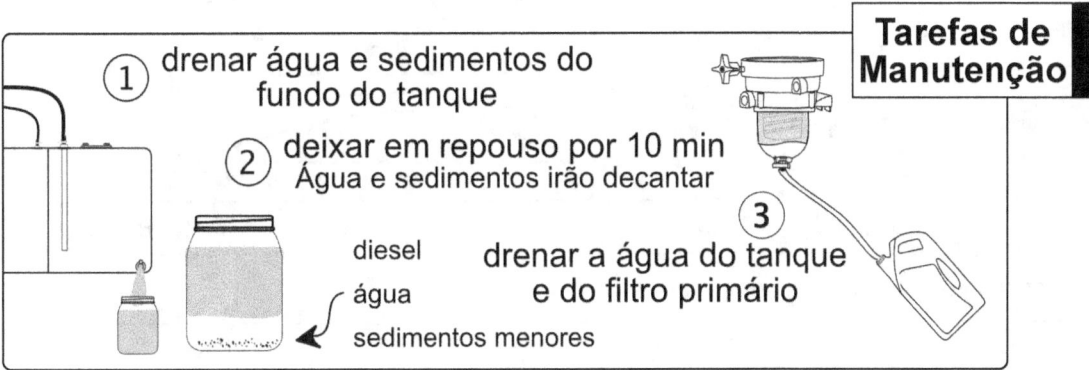

Tarefas de Manutenção

① drenar água e sedimentos do fundo do tanque

② deixar em repouso por 10 min
Água e sedimentos irão decantar

diesel
água
sedimentos menores

③ drenar a água do tanque e do filtro primário

checar se registros abrem/fecham suavemente		
Inspecionar o filtro de água salgada (completo, não apenas o cesto)		
inspecionar o rotor da bomba de água salgada		
inspecionar e reparar o isolador termo acústico		
testar a carga das baterias 12V		
inspecionar o eixo do hélice		
inspecionar os rolamentos de agulha		
inspecionar o suporte do eixo		
inspecionar o hélice		

Marine Diesel Basics 1 apresenta como realizar estas tarefas com desenhos claros e textos simples.

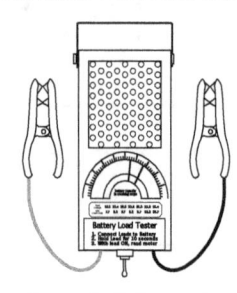

Um testador de carga mede como está o desempenho da bateria com descarregamento. Uma bateria 12 V pode apresentar carga máxima (12,65 V) mas não ser capaz de dar partida no motor pela sua reduzida capacidade, usualmente devido à sulfatação. A voltagem de uma bateria completamente carregada deve mostrar um lento ou mínimo declínio quando está alimentando o circuito pelo menos por 10 segundos.

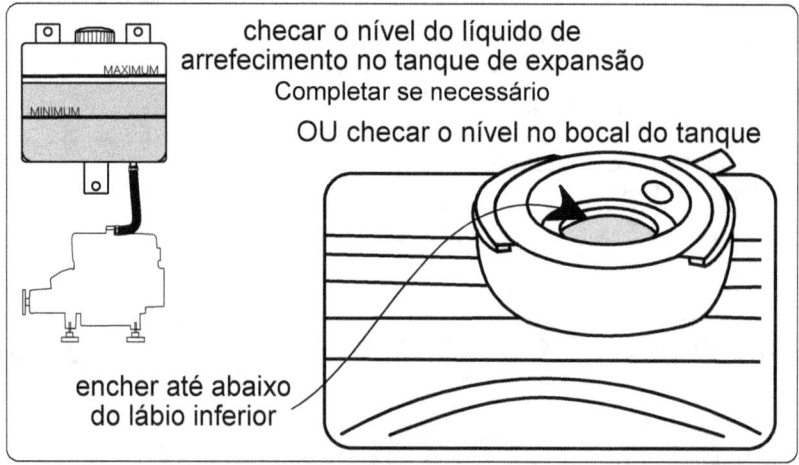

checar o nível do líquido de arrefecimento no tanque de expansão
Completar se necessário

OU checar o nível no bocal do tanque

encher até abaixo do lábio inferior

A CADA 2-3 ANOS	Motor **Bombordo**	Motor **Boreste**
trocar líquido de arrefecimento desgastado		
checar as passagens do escapamento (escape úmido)		
engraxar o hélice de passo regulável		

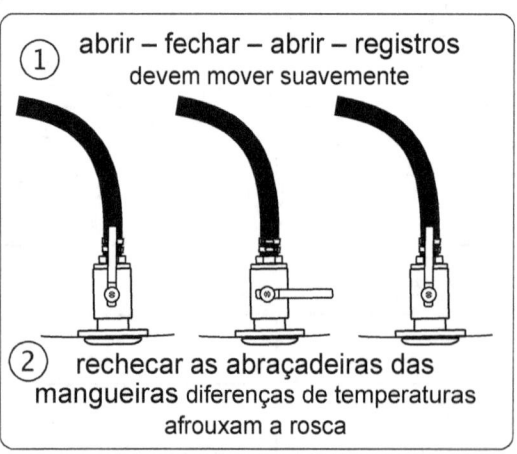

① abrir – fechar – abrir – registros
devem mover suavemente

② rechecar as abraçadeiras das mangueiras diferenças de temperaturas afrouxam a rosca

checar se porcas estão apertadas

olhar cuidadosamente se existe desgaste nas porcas de latão
porcas frouxas/hélice frouxo

checar se o contra pino está no lugar
Trocar se as dobras terminarem para dentro

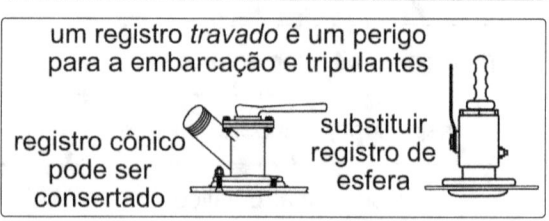

um registro *travado* é um perigo para a embarcação e tripulantes

registro cônico pode ser consertado

substituir registro de esfera

Rabetas – Programação das Tarefas de Manutenção

DIARIAMENTE	Motor **Bombordo**	Motor **Boreste**
checar o óleo da rabeta e completar		

MENSALMENTE	Motor **Bombordo**	Motor **Boreste**
inspecionar e reparar a pintura		
limpar a entrada de água salgada		

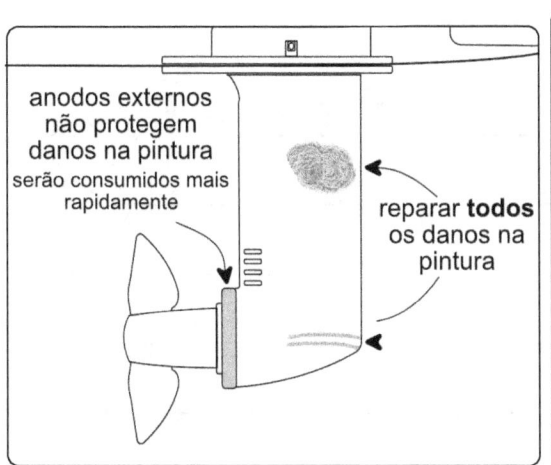

anodos externos não protegem danos na pintura
serão consumidos mais rapidamente

reparar **todos** os danos na pintura

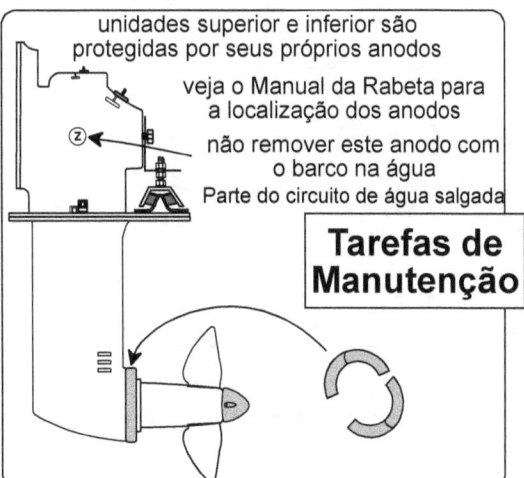

unidades superior e inferior são protegidas por seus próprios anodos

veja o Manual da Rabeta para a localização dos anodos

não remover este anodo com o barco na água
Parte do circuito de água salgada

Tarefas de Manutenção

100 – 250 Horas*	Motor **Bombordo**	Motor **Boreste**
trocar o óleo da unidade inferior		
eliminar o ar da vareta		

Seguir recomendações do manual do fabricante

SEMESTRALMENTE	Motor **Bombordo**	Motor **Boreste**
inspecionar os anodos		

ANUALMENTE	Motor **Bombordo**	Motor **Boreste**
inspecionar o diafragma externamente		
inspecionar o diafragma internamente e sensor de alarme de água		
inspecionar o hélice		
engraxar o hélice de passo regulável		

Notas de Manutenção

Notas de Manutenção

Notas de Manutenção

Notas de Manutenção

Tarefas de Manutenção

Lista de Inspeções

Inspecionar o Bocal de Abastecimento de Diesel

Diagnóstico da Vareta do Óleo do Motor

Nível do Óleo
anotar o nível e qualquer óleo adicionado
no Diário de Bordo

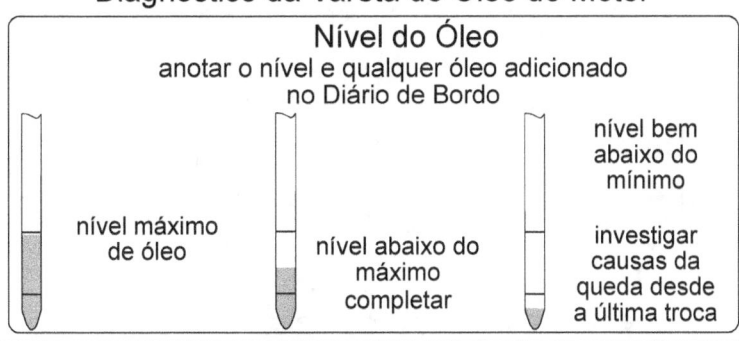

nível máximo
de óleo

nível abaixo do
máximo
completar

nível bem
abaixo do
mínimo

investigar
causas da
queda desde
a última troca

Alteração no Nível do Óleo
veja nível e qualquer óleo adicionado no Diário de Manutenção

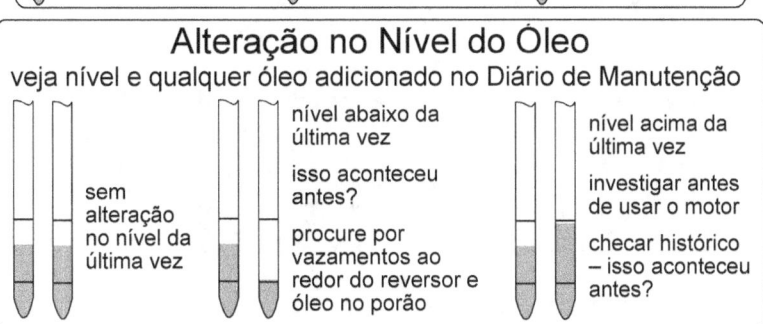

sem
alteração
no nível da
última vez

nível abaixo da
última vez

isso aconteceu
antes?

procure por
vazamentos ao
redor do reversor e
óleo no porão

nível acima da
última vez

investigar antes
de usar o motor

checar histórico
– isso aconteceu
antes?

Coloração do Óleo
veja qualquer alteração na cor da última
checagem
no Diário de Manutenção

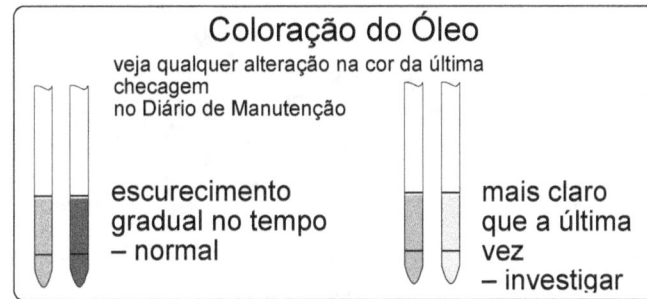

escurecimento
gradual no tempo
– normal

mais claro
que a última
vez
– investigar

Odor do Óleo

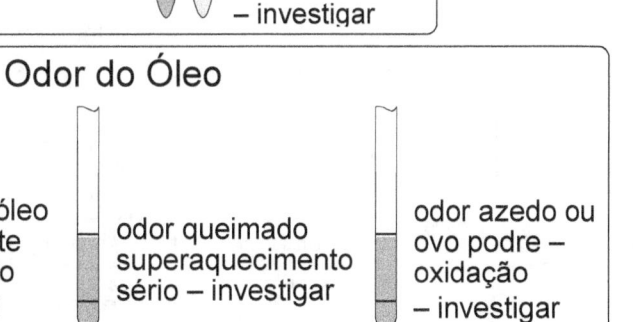

odor de
óleo novo,
sem uso

odor de óleo
levemente
queimado
– normal

odor queimado
superaquecimento
sério – investigar

odor azedo ou
ovo podre –
oxidação
– investigar

Consistência do Óleo

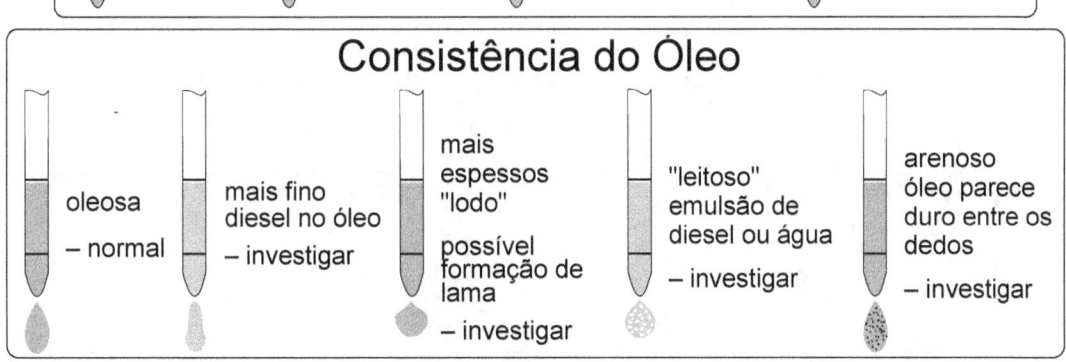

oleosa

– normal

mais fino
diesel no óleo

– investigar

mais
espessos
"lodo"

possível
formação de
lama

– investigar

"leitoso"
emulsão de
diesel ou água

– investigar

arenoso
óleo parece
duro entre os
dedos

– investigar

Diagnóstico da Vareta do Fluido do Reversor / Transmissão

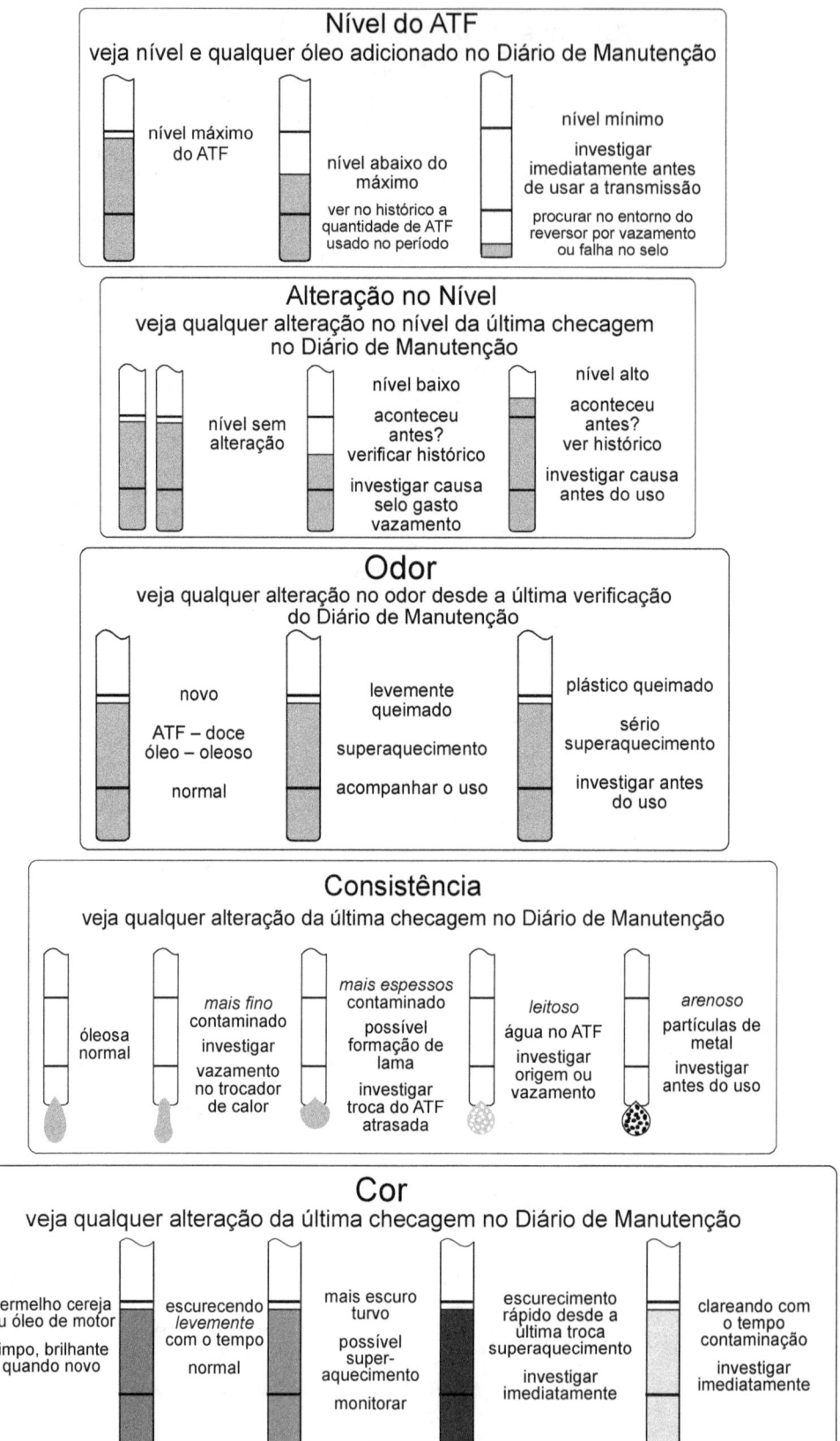

Nível do ATF
veja nível e qualquer óleo adicionado no Diário de Manutenção

nível máximo do ATF

nível abaixo do máximo

ver no histórico a quantidade de ATF usado no período

nível mínimo

investigar imediatamente antes de usar a transmissão

procurar no entorno do reversor por vazamento ou falha no selo

Alteração no Nível
veja qualquer alteração no nível da última checagem no Diário de Manutenção

nível sem alteração

nível baixo

aconteceu antes? verificar histórico

investigar causa selo gasto vazamento

nível alto

aconteceu antes? ver histórico

investigar causa antes do uso

Odor
veja qualquer alteração no odor desde a última verificação do Diário de Manutenção

novo

ATF – doce óleo – oleoso

normal

levemente queimado

superaquecimento

acompanhar o uso

plástico queimado

sério superaquecimento

investigar antes do uso

Consistência
veja qualquer alteração da última checagem no Diário de Manutenção

óleosa normal

mais fino contaminado

investigar

vazamento no trocador de calor

mais espessos contaminado

possível formação de lama

investigar troca do ATF atrasada

leitoso água no ATF

investigar origem ou vazamento

arenoso partículas de metal

investigar antes do uso

Cor
veja qualquer alteração da última checagem no Diário de Manutenção

vermelho cereja ou óleo de motor

limpo, brilhante quando novo

escurecendo levemente com o tempo

normal

mais escuro turvo

possível super-aquecimento

monitorar

escurecimento rápido desde a última troca superaquecimento

investigar imediatamente

clareando com o tempo contaminação

investigar imediatamente

Vareta Encostada ? Checar a posição correta

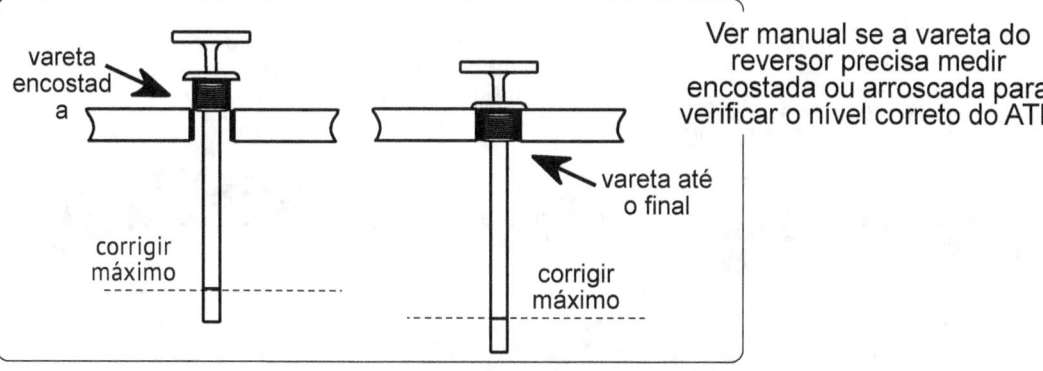

vareta encostada

vareta até o final

corrigir máximo

corrigir máximo

Ver manual se a vareta do reversor precisa medir encostada ou arroscada para verificar o nível correto do ATF

Inspecionar Mangueiras e Abraçadeiras

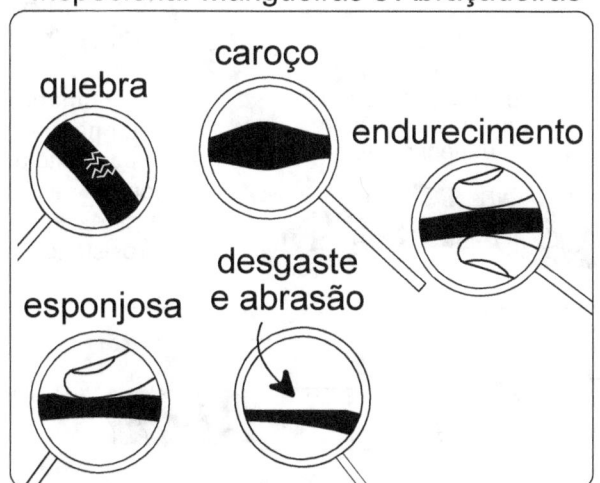

quebra

caroço

endurecimento

esponjosa

desgaste e abrasão

Inspeções

---

① melhor prática é inspecionar todas as abraçadeiras regularmente, ao menos trimestralmente
especialmente aquelas de difícil acesso e desprezadas

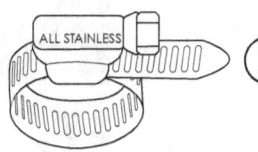

② verificar se a ponta da abraçadeira se move quando se aperta
devem estar apertada, mas sem forçar

③ trocar a abraçadeira quando:
rosca frouxa
rosca gira mas não move a tira
causa frequente é a corrosão por fendas

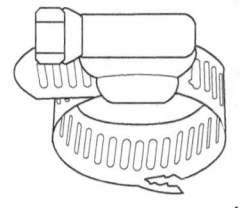

④ troque a abraçadeira se a tira estiver danificada

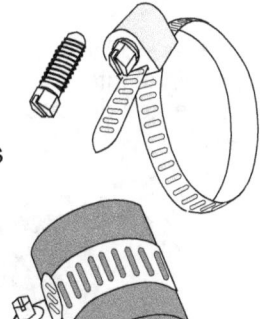

⑤ checar o lado de dentro por ferrugem
aço inox não deve enferrujar

Inspecionando Fios e Terminais

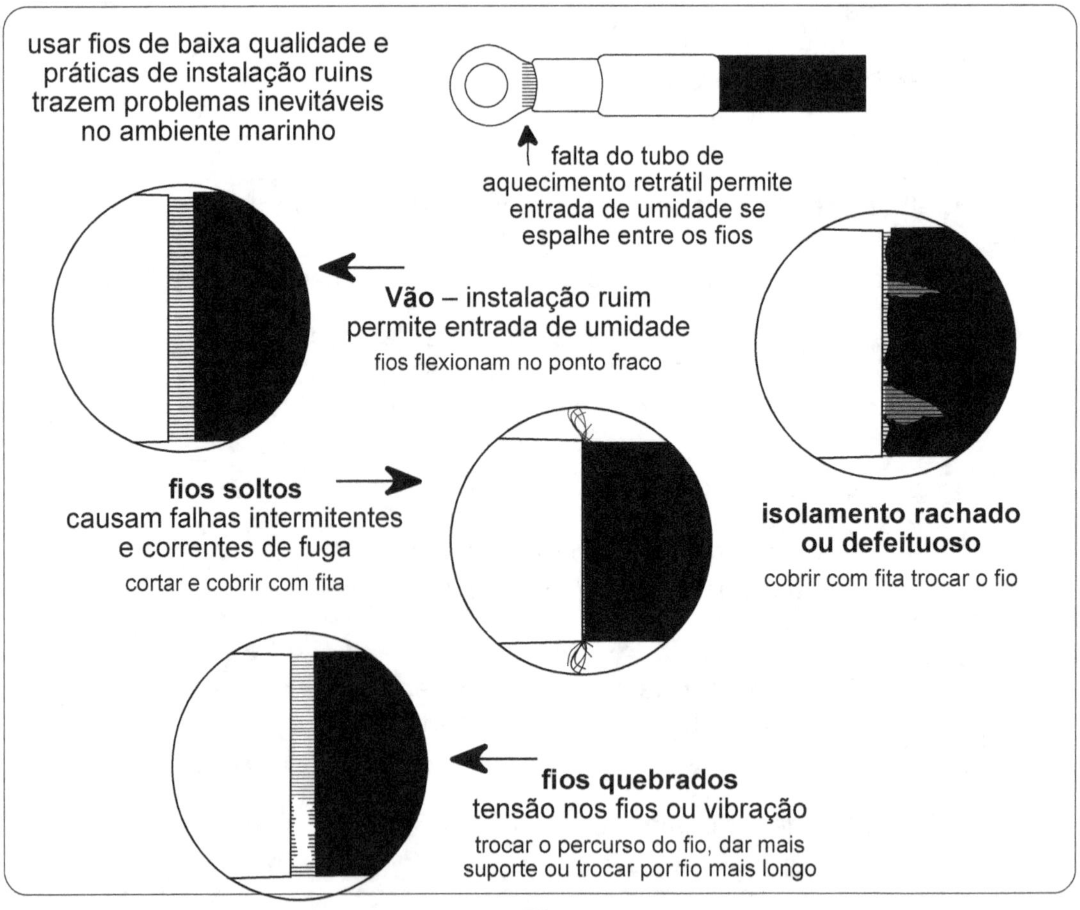

fios danificados causam problemas
corrosão
resistência elétrica
enfraquecem os fios
caminho para correntes de fuga
falhas elétricas
falhas intermitentes

melhor prática é usar fios grau marinho, com proteção contra combustível, óleos e graxas

diesel, óleo e graxa
enfraquecem o isolamento
manter fios limpos

fios soltos
fonte de correntes de fuga e falhas intermitentes

atrito & abrasão
muitas vezes passam despercebidos
sentir ao longo dos fios
usar proteção contra fricção

fissuras
permite entrada de umidade provocando envelhecimento ou aquecimento

derretimento
encostar na exaustão
superaquecimento do motor
fio de pouca bitola
carga excessiva
resistência

cortes, entalhes divisões
Permite entrada de umidade
Fonte de corrente de fuga e falhas intermitentes

---

usar fios de baixa qualidade e práticas de instalação ruins trazem problemas inevitáveis no ambiente marinho

falta do tubo de aquecimento retrátil permite entrada de umidade se espalhe entre os fios

Vão – instalação ruim
permite entrada de umidade
fios flexionam no ponto fraco

fios soltos
causam falhas intermitentes e correntes de fuga
cortar e cobrir com fita

isolamento rachado ou defeituoso
cobrir com fita trocar o fio

fios quebrados
tensão nos fios ou vibração
trocar o percurso do fio, dar mais suporte ou trocar por fio mais longo

Inspecionando Bomba de Água Salgada

bombas antigas usam juntas de papel
bombas modernas usam um o-ring de borracha

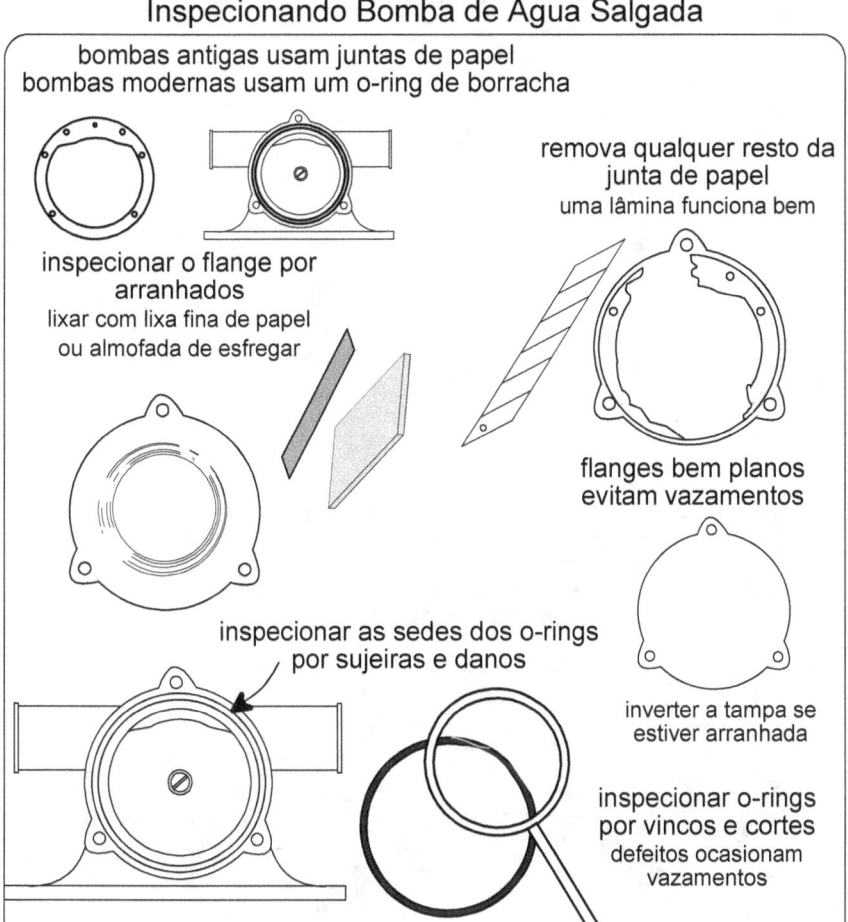

inspecionar o flange por arranhados
lixar com lixa fina de papel ou almofada de esfregar

remova qualquer resto da junta de papel
uma lâmina funciona bem

flanges bem planos evitam vazamentos

inspecionar as sedes dos o-rings por sujeiras e danos

inverter a tampa se estiver arranhada

inspecionar o-rings por vincos e cortes
defeitos ocasionam vazamentos

Inspeções

Inspecionando o Rotor de Borracha

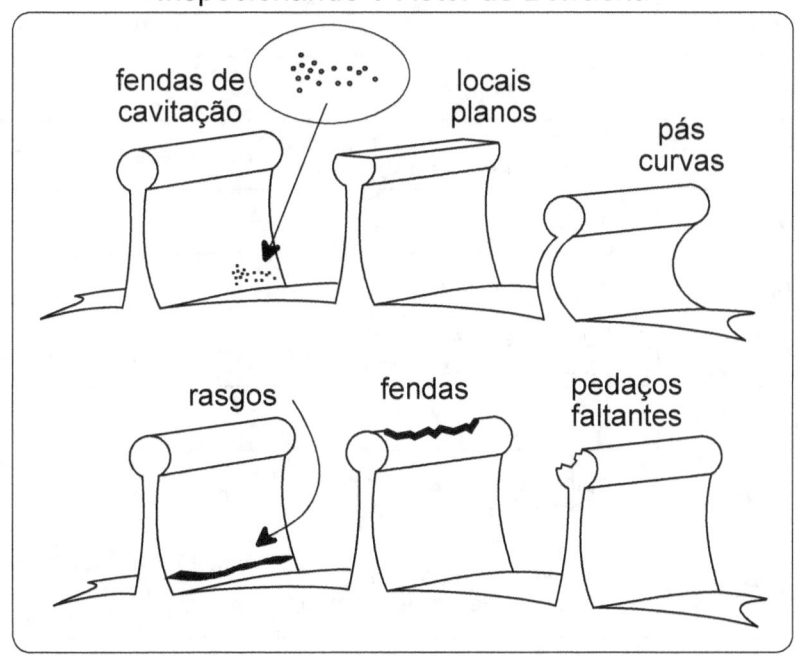

fendas de cavitação

locais planos

pás curvas

rasgos

fendas

pedaços faltantes

Inspecionando Anodos

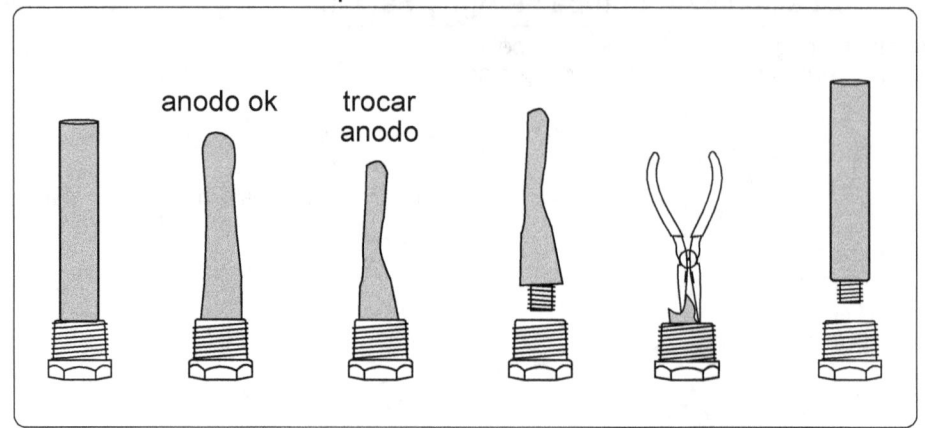

anodo ok   trocar anodo

Proteção Contra Atrito Usando Mangueiras Antigas

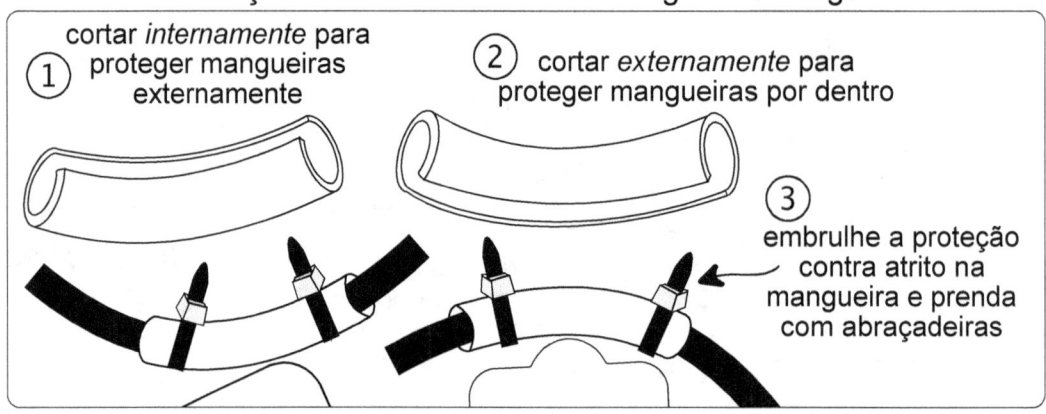

① cortar *internamente* para proteger mangueiras externamente

② cortar *externamente* para proteger mangueiras por dentro

③ embrulhe a proteção contra atrito na mangueira e prenda com abraçadeiras

Inspeção do Fluido de Arrefecimento / Anticongelante

Clareza		Ação Requerida
limpo	normal	
turvo	fluidos de arrefecimento diferentes misturados	drenar, lavar e usar novo fluido
Cor		
brilhante, claro	normal	
marrom	fluidos de arrefecimento diferentes misturados	drenar, lavar e usar novo fluido
Contaminação		
sedimentos arenosos	sedimentação de aditivos, ferrugem e escamas	drenar, lavar e usar novo fluido
gotas de óleo	vazamento de óleo do motor para o fluido de arrefecimento	investigar arrefecedor de óleo. Vazamento no cilindro vazamento na junta do cabeçote

Inspecionando Correias

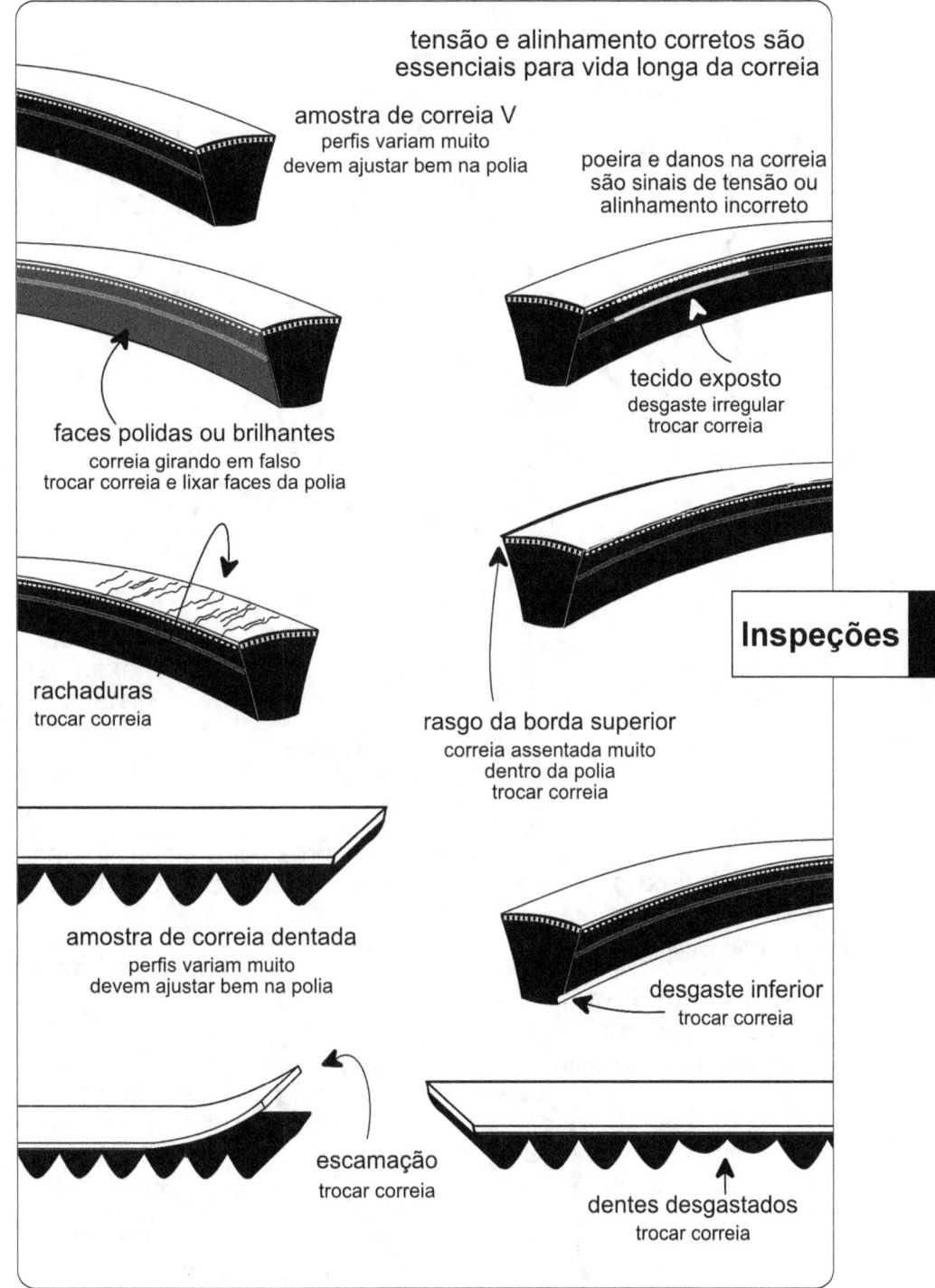

tensão e alinhamento corretos são
essenciais para vida longa da correia

amostra de correia V
perfis variam muito
devem ajustar bem na polia

poeira e danos na correia
são sinais de tensão ou
alinhamento incorreto

tecido exposto
desgaste irregular
trocar correia

faces polidas ou brilhantes
correia girando em falso
trocar correia e lixar faces da polia

rachaduras
trocar correia

rasgo da borda superior
correia assentada muito
dentro da polia
trocar correia

amostra de correia dentada
perfis variam muito
devem ajustar bem na polia

desgaste inferior
trocar correia

escamação
trocar correia

dentes desgastados
trocar correia

Inspeções

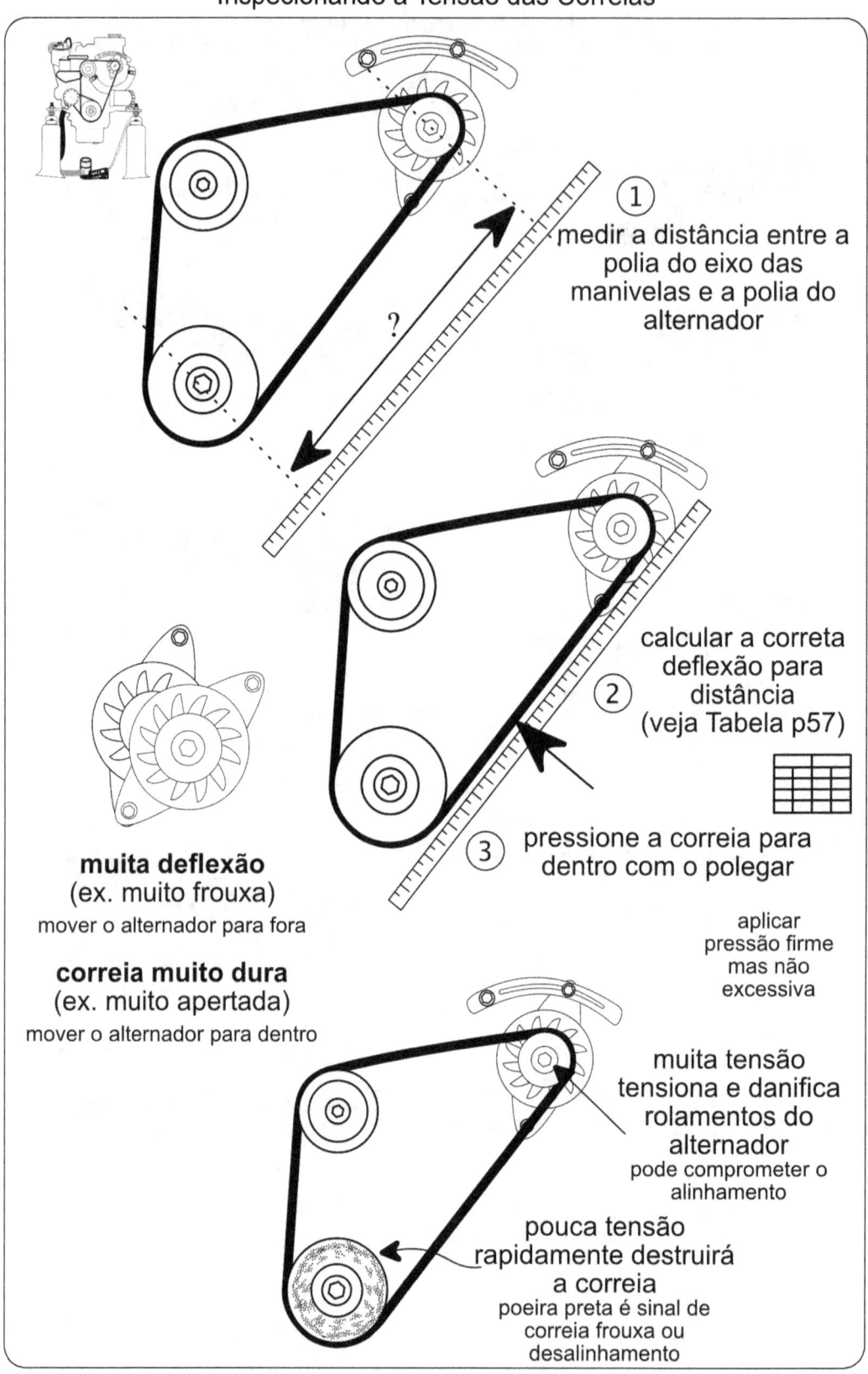

① medir a distância entre a
polia do eixo das
manivelas e a polia do
alternador

?

calcular a correta
deflexão para
② distância
(veja Tabela p57)

③ pressione a correia para
dentro com o polegar

muita deflexão
(ex. muito frouxa)
mover o alternador para fora

correia muito dura
(ex. muito apertada)
mover o alternador para dentro

aplicar
pressão firme
mas não
excessiva

muita tensão
tensiona e danifica
rolamentos do
alternador
pode comprometer o
alinhamento

pouca tensão
rapidamente destruirá
a correia
poeira preta é sinal de
correia frouxa ou
desalinhamento

Inspecionando Polias

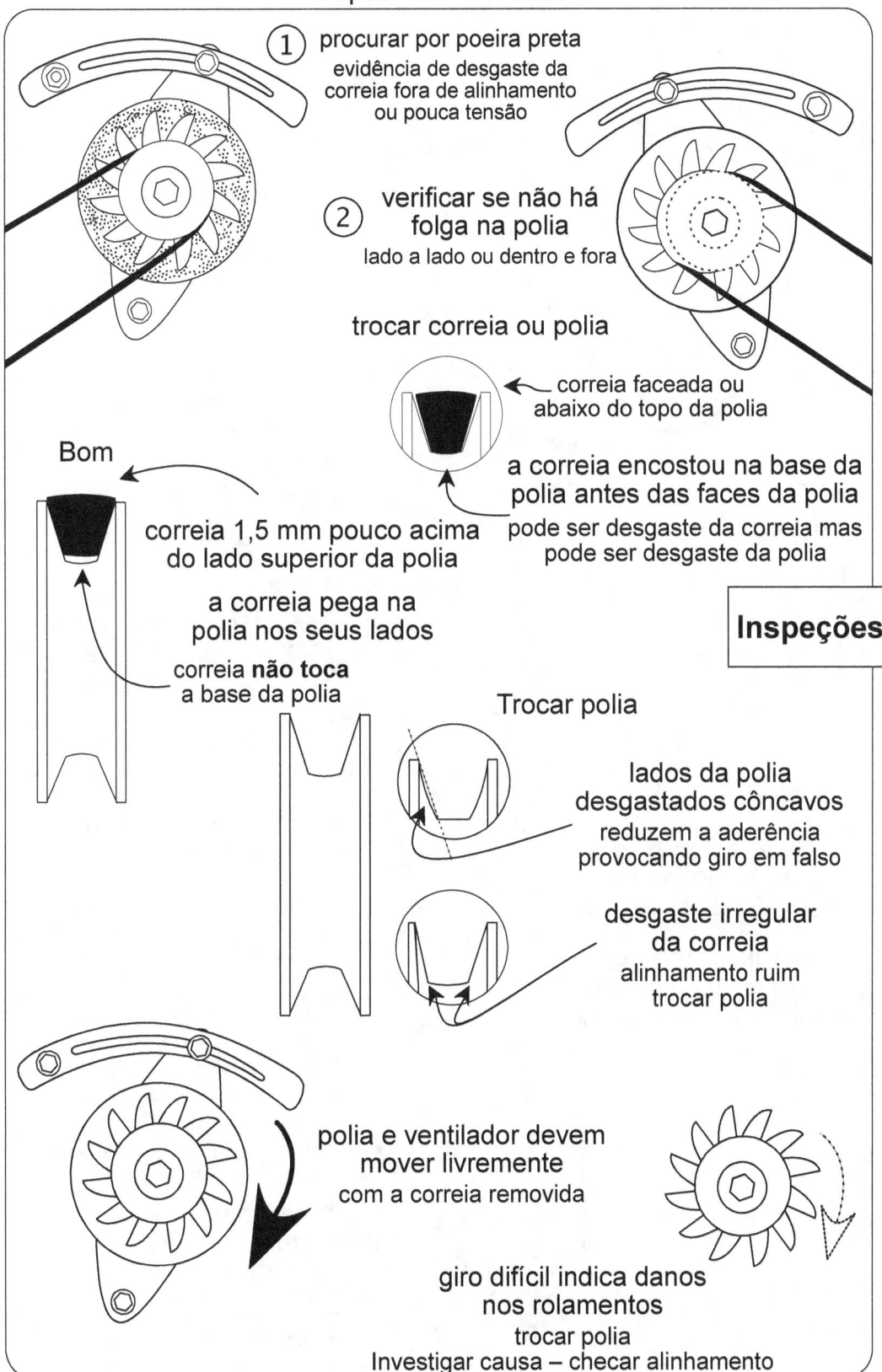

① procurar por poeira preta
evidência de desgaste da
correia fora de alinhamento
ou pouca tensão

② verificar se não há
folga na polia
lado a lado ou dentro e fora

trocar correia ou polia

← correia faceada ou
abaixo do topo da polia

a correia encostou na base da
polia antes das faces da polia
pode ser desgaste da correia mas
pode ser desgaste da polia

Bom

correia 1,5 mm pouco acima
do lado superior da polia

a correia pega na
polia nos seus lados

correia **não toca**
a base da polia

Inspeções

Trocar polia

lados da polia
desgastados côncavos
reduzem a aderência
provocando giro em falso

desgaste irregular
da correia
alinhamento ruim
trocar polia

polia e ventilador devem
mover livremente
com a correia removida

giro difícil indica danos
nos rolamentos
trocar polia
Investigar causa – checar alinhamento

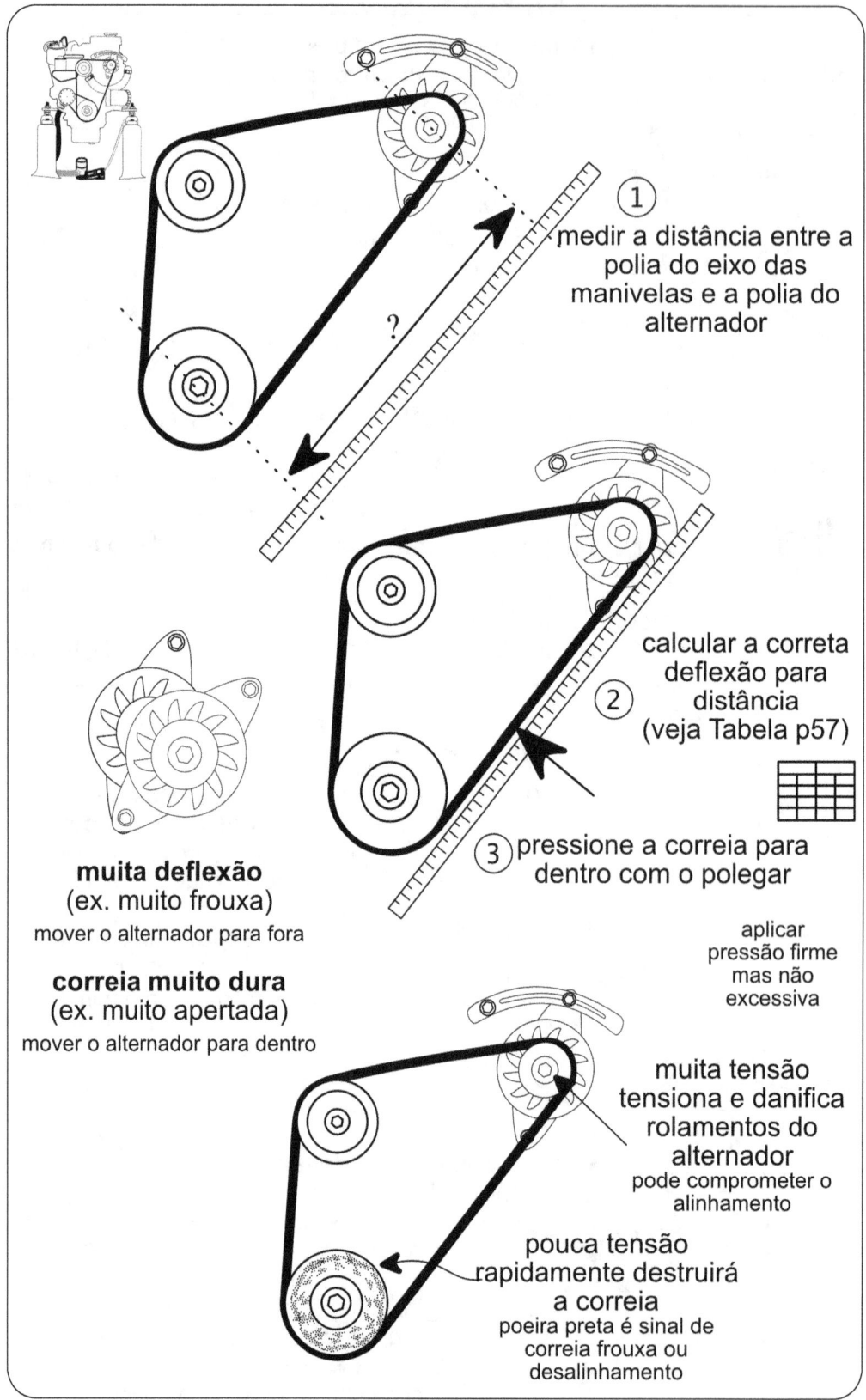

① medir a distância entre a polia do eixo das manivelas e a polia do alternador

calcular a correta deflexão para distância (veja Tabela p57)

②

③ pressione a correia para dentro com o polegar

muita deflexão
(ex. muito frouxa)
mover o alternador para fora

correia muito dura
(ex. muito apertada)
mover o alternador para dentro

aplicar
pressão firme
mas não
excessiva

muita tensão
tensiona e danifica
rolamentos do
alternador
pode comprometer o
alinhamento

pouca tensão
rapidamente destruirá
a correia
poeira preta é sinal de
correia frouxa ou
desalinhamento

Inspecionando o Eixo do Hélice

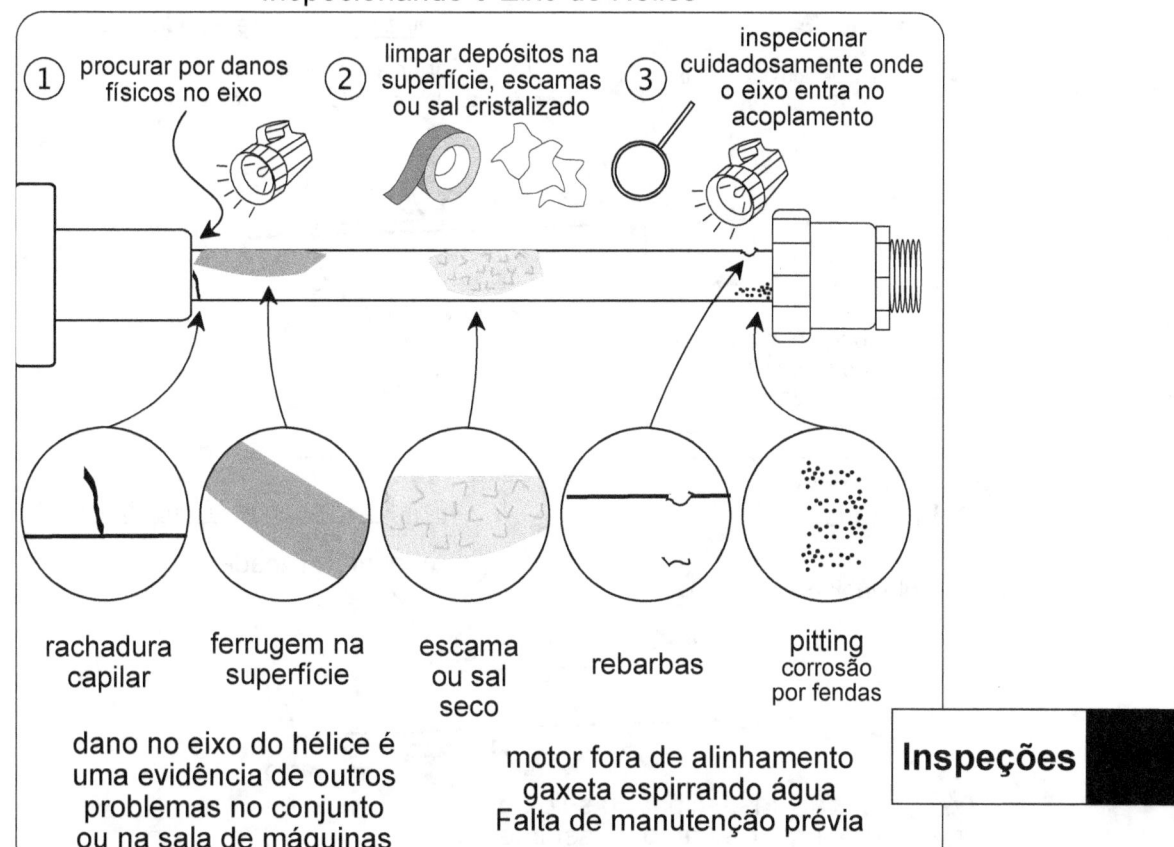

① procurar por danos físicos no eixo

② limpar depósitos na superfície, escamas ou sal cristalizado

③ inspecionar cuidadosamente onde o eixo entra no acoplamento

| rachadura capilar | ferrugem na superfície | escama ou sal seco | rebarbas | pitting corrosão por fendas |

dano no eixo do hélice é uma evidência de outros problemas no conjunto ou na sala de máquinas

motor fora de alinhamento
gaxeta espirrando água
Falta de manutenção prévia

Inspeções

Inspecionando a Tensão da Correia

Dar firme pressão com o polegar no meio da correia entre as polias

distância entre as polias		deflexão da correia	
cm	polegadas	mm	polegadas
30	12	2 mm	3/16"
35	14	5 mm	1/4"
40	16	6,5 mm	1/4"
45	18	7,5 mm	9/32"

Inspecionando Selos do Eixo sem Gotejamento

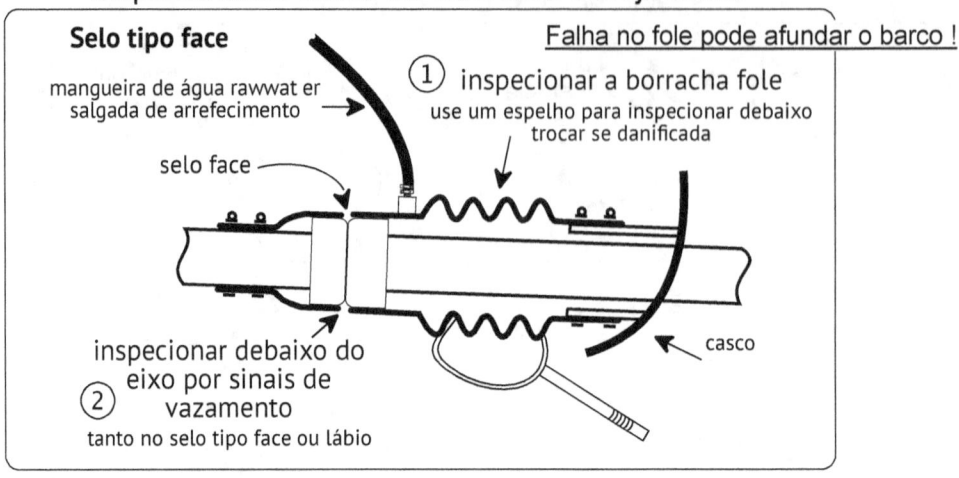

Selo tipo face

<u>Falha no fole pode afundar o barco !</u>

mangueira de água rawwat er salgada de arrefecimento →

selo face

① inspecionar a borracha fole
use um espelho para inspecionar debaixo trocar se danificada

casco

② inspecionar debaixo do eixo por sinais de vazamento
tanto no selo tipo face ou lábio

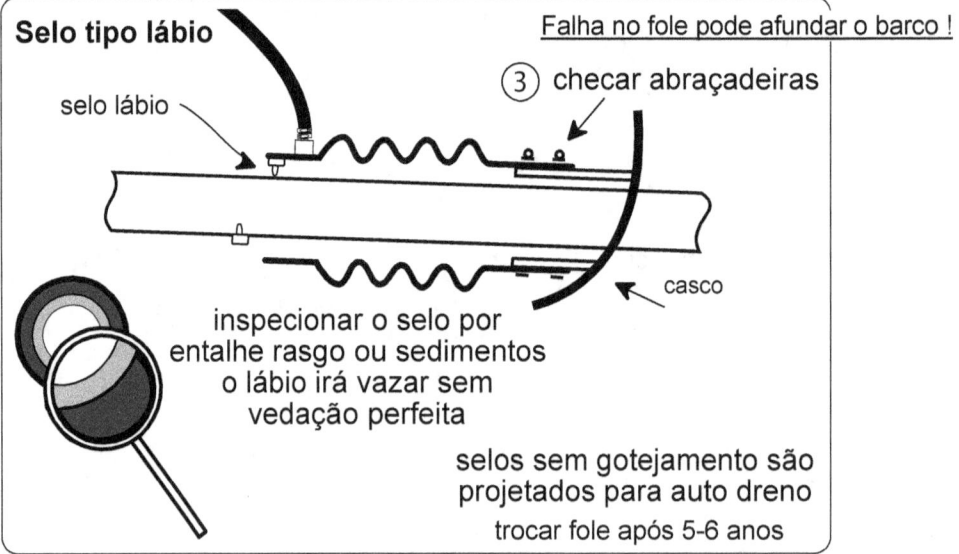

Selo tipo lábio

<u>Falha no fole pode afundar o barco !</u>

selo lábio

③ checar abraçadeiras

casco

inspecionar o selo por entalhe rasgo ou sedimentos o lábio irá vazar sem vedação perfeita

selos sem gotejamento são projetados para auto dreno
trocar fole após 5-6 anos

Inspecionando a Mangueira de Borracha de uma Caixa de Gaxeta Tradicional

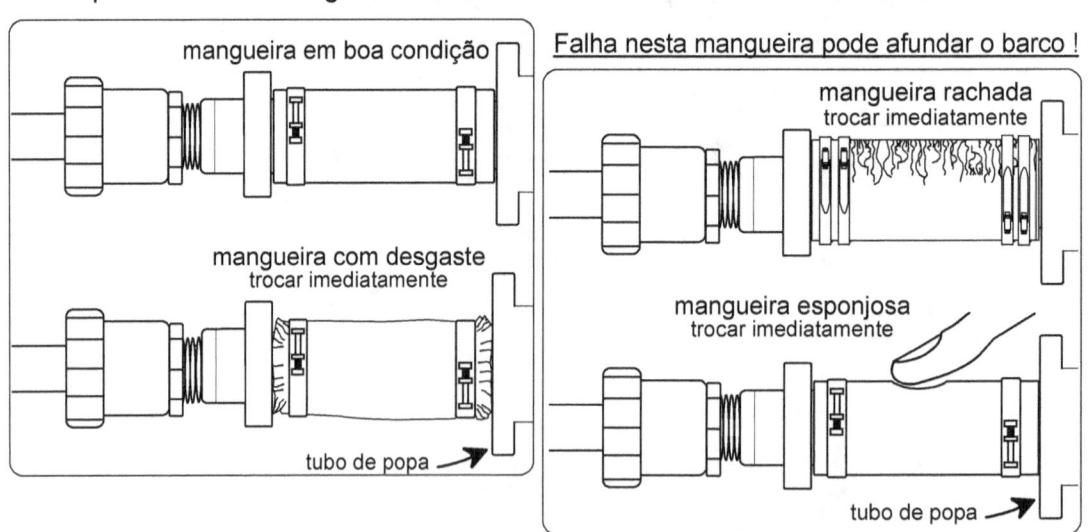

mangueira em boa condição

<u>Falha nesta mangueira pode afundar o barco !</u>

mangueira rachada
trocar imediatamente

mangueira com desgaste
trocar imediatamente

mangueira esponjosa
trocar imediatamente

tubo de popa

tubo de popa

Inspeção de um rolamento de corte de borracha

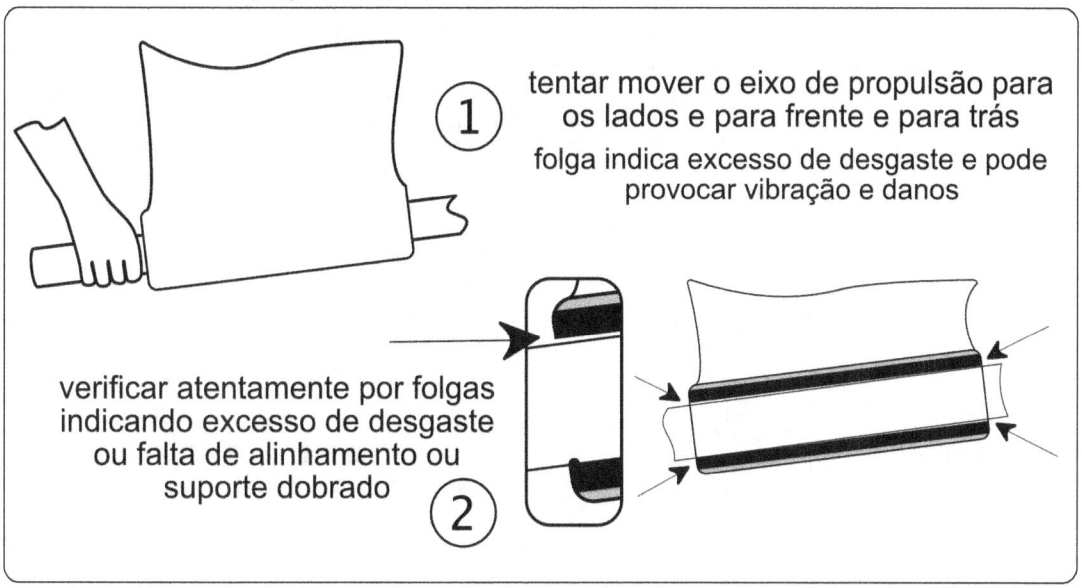

1 tentar mover o eixo de propulsão para os lados e para frente e para trás

folga indica excesso de desgaste e pode provocar vibração e danos

verificar atentamente por folgas indicando excesso de desgaste ou falta de alinhamento ou suporte dobrado **2**

Inspeções

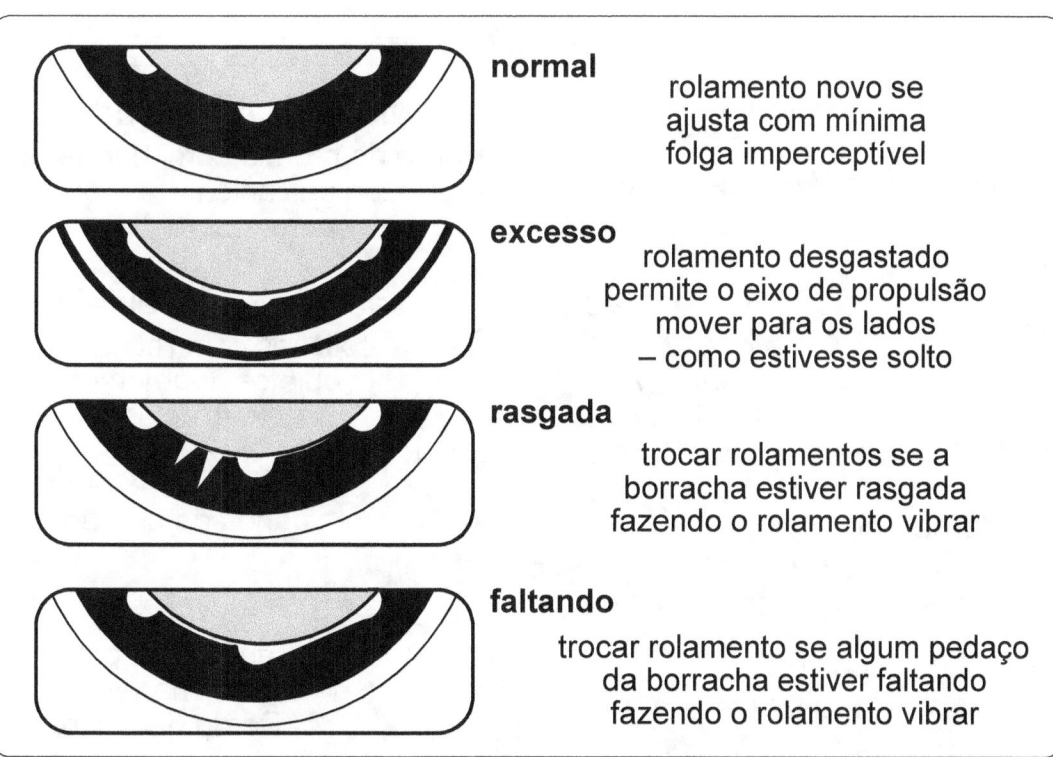

normal
rolamento novo se ajusta com mínima folga imperceptível

excesso
rolamento desgastado permite o eixo de propulsão mover para os lados – como estivesse solto

rasgada
trocar rolamentos se a borracha estiver rasgada fazendo o rolamento vibrar

faltando
trocar rolamento se algum pedaço da borracha estiver faltando fazendo o rolamento vibrar

Inspecionando o Suporte do Eixo

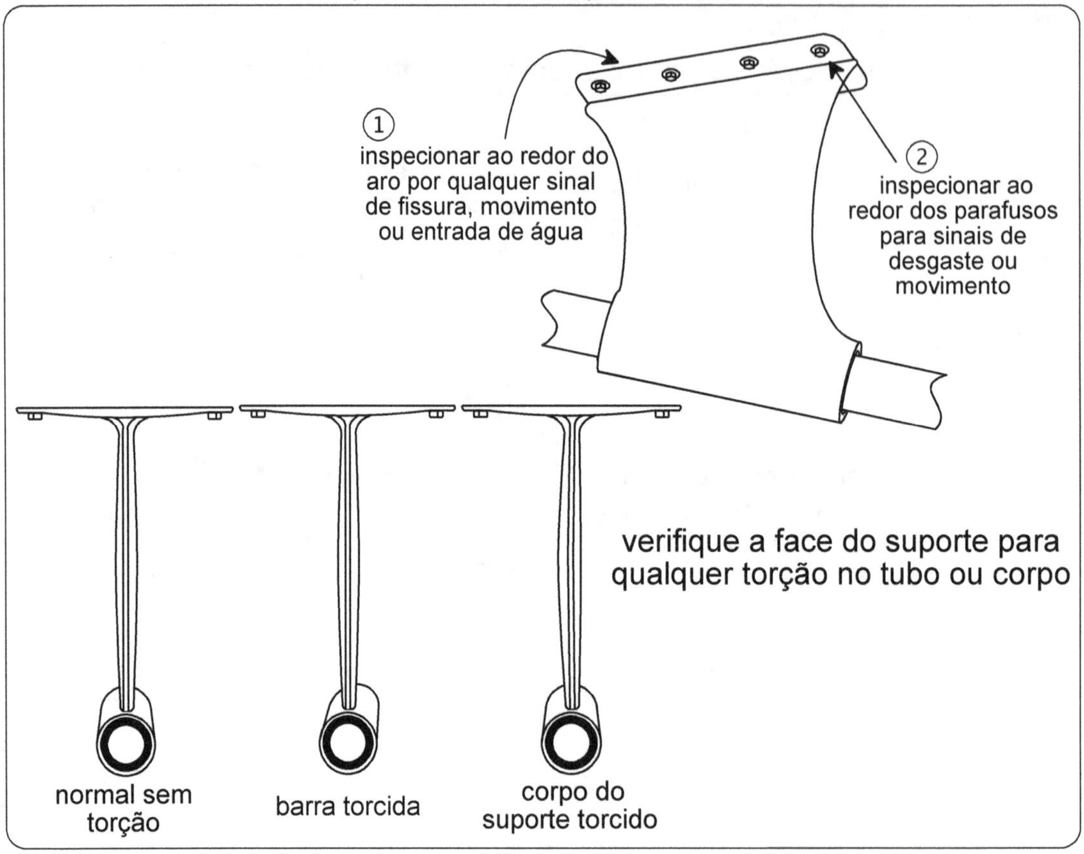

① inspecionar ao redor do aro por qualquer sinal de fissura, movimento ou entrada de água

② inspecionar ao redor dos parafusos para sinais de desgaste ou movimento

verifique a face do suporte para qualquer torção no tubo ou corpo

normal sem torção

barra torcida

corpo do suporte torcido

Inspecionando o Hélice

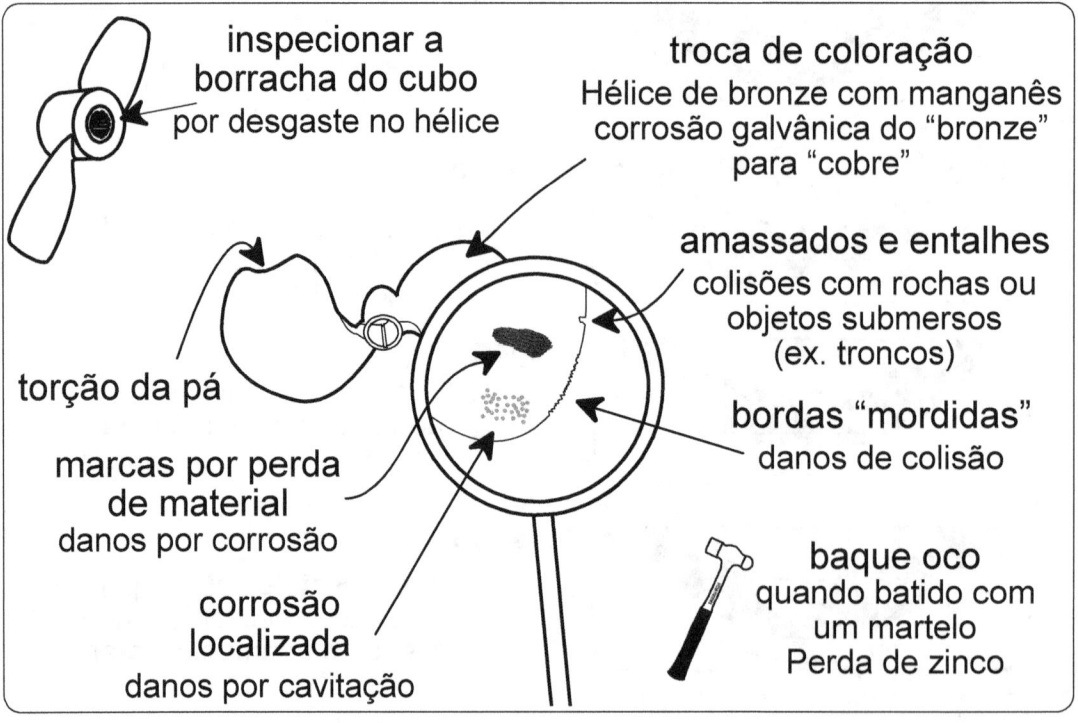

inspecionar a borracha do cubo
por desgaste no hélice

troca de coloração
Hélice de bronze com manganês corrosão galvânica do "bronze" para "cobre"

amassados e entalhes
colisões com rochas ou objetos submersos (ex. troncos)

torção da pá

bordas "mordidas"
danos de colisão

marcas por perda de material
danos por corrosão

corrosão localizada
danos por cavitação

baque oco
quando batido com um martelo
Perda de zinco

Rabeta – Inspecionando o Diafragma de Borracha e Alarme do Sensor de Água

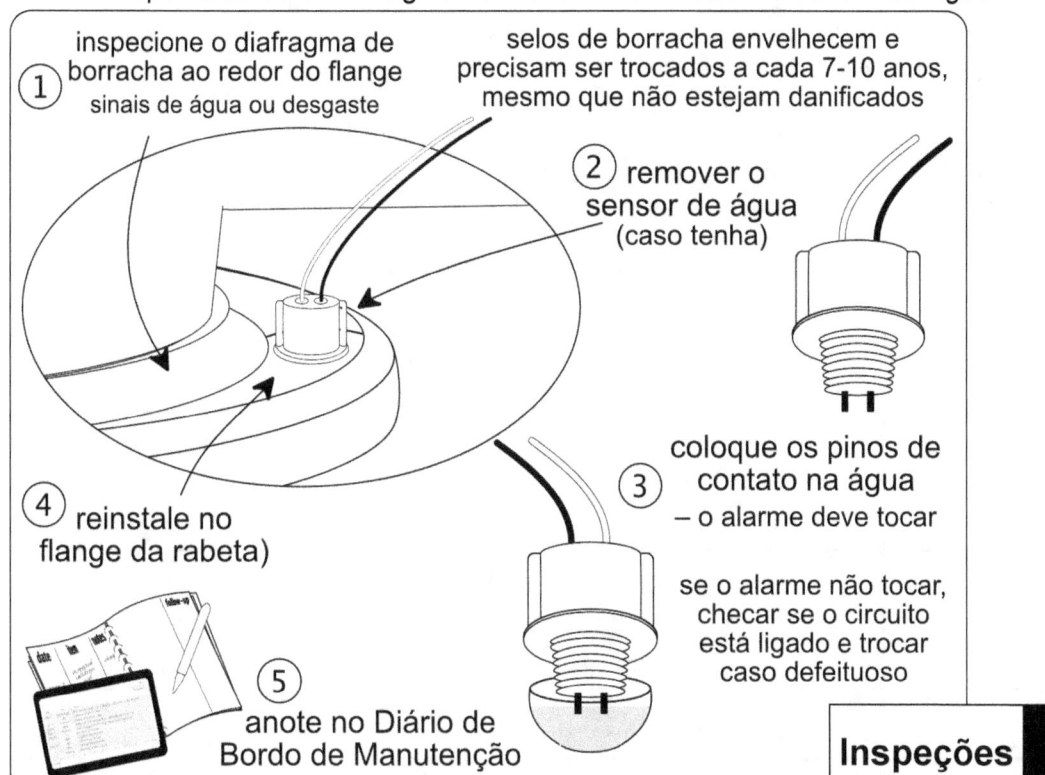

1. inspecione o diafragma de borracha ao redor do flange
sinais de água ou desgaste

selos de borracha envelhecem e precisam ser trocados a cada 7-10 anos, mesmo que não estejam danificados

2. remover o sensor de água (caso tenha)

3. coloque os pinos de contato na água – o alarme deve tocar

se o alarme não tocar, checar se o circuito está ligado e trocar caso defeituoso

4. reinstale no flange da rabeta)

5. anote no Diário de Bordo de Manutenção

Inspeções

Vedação à prova de água

(anel de vedação de borracha interno, diafragma, membrana de vedação)

Uma membrana dupla de borracha, entre as partes superior e inferior de uma rabeta (por onde passa pelo casco) impede a entrada de água no barco; no entanto, a falha pode afundar o barco. Alguns modelos oferecem um sensor e alarme integrados (o que requer um sistema elétrico confiável). Este diafragma deve ser substituído a cada 7 – 10 anos. Normalmente, este é um procedimento exclusivo do revendedor.

A não substituição do diafragma pode anular o seguro de uma embarcação.

Além disso, um flange de carenagem de borracha retangular pode ser "colado" ao casco ao redor da rabeta para reduzir a turbulência ao redor da abertura no casco. Este borrachão exterior não faz parte da rabeta e não afeta a vedação estanque (dentro do casco do barco).

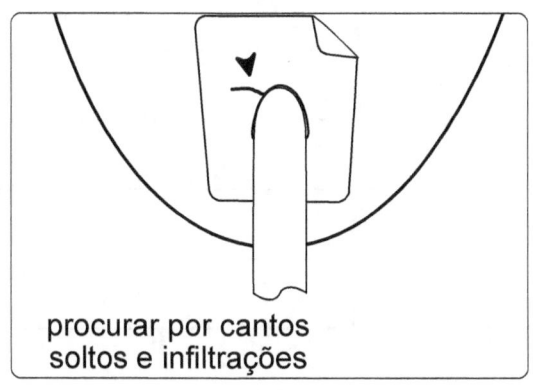

procurar por cantos soltos e infiltrações

Reparos devem ser feitos com adesivo removível e NÃO adesivos permanentes – arranhar o casco e a borracha para melhorar a adesão.

Registros no Diário de Bordo

Data de início _____ / _____ / _____

data	item	notas

data	item	notas

Diário de Bordo

data	item	notas

data	item	notas
		Diário de Bordo

data	item	notas

data	item	notas

Diário de Bordo

data	item	notas

data	item	notas

Diário de Bordo

data	item	notas

data	item	notas

Diário de Bordo

data	item	notas

data	item	notas
		Diário de Bordo

data	item	notas

data	item	notas

Diário de Bordo

data	item	notas

data	item	notas

Diário de Bordo

data	item	notas

data	item	notas

Diário de Bordo

data	item	notas

data	item	notas

Diário de Bordo

data	item	notas

data	item	notas

Diário de Bordo

data	item	notas

data	item	notas

Diário de Bordo

data	item	notas

data	item	notas

Diário de Bordo

data	item	notas

data	item	notas
		Diário de Bordo

data	item	notas

data	item	notas

Diário de Bordo

data	item	notas

data	item	notas

Diário de Bordo

data	item	notas

data	item	notas
		Diário de Bordo

data	item	notas

data	item	notas
		Diário de Bordo

data	item	notas

data	item	notas
		Diário de Bordo

data	item	notas

data	item	notas

Diário de Bordo

data	item	notas

data	item	notas

Diário de Bordo

data	item	notas

data	item	notas

Diário de Bordo

data	item	notas

data	item	notas

Diário de Bordo

data	item	notas

data	item	notas
		Diário de Bordo

data	item	notas

data	item	notas

Diário de Bordo

data	item	notas

data	item	notas

Diário de Bordo

data	item	notas

data	item	notas

Diário de Bordo

data	item	notas

data	item	notas

Diário de Bordo

data	item	notas

data	item	notas

data	item	notas

Diário de Bordo

data	item	notas

data	item	notas

data	item	notas
		Diário de Bordo

data	item	notas

data	item	notas

Diário de Bordo

data	item	notas

data	item	notas
		Diário de Bordo

data	item	notas

data	item	notas

Diário de Bordo

data	item	notas

data	item	notas

Diário de Bordo

data	item	notas

data	item	notas

Diário de Bordo

data	item	notas

data	item	notas
		Diário de Bordo

data	item	notas

data	item	notas

Diário de Bordo

data	item	notas

data	item	notas

Diário de Bordo

data	item	notas

data	item	notas
		Diário de Bordo

data	item	notas

data	item	notas
		Diário de Bordo

data	item	notas

data	item	notas

Diário de Bordo

data	item	notas

data	item	notas

data	item	notas

Diário de Bordo

data	item	notas

data	item	notas

Diário de Bordo

data	item	notas

data	item	notas

Diário de Bordo

data	item	notas

data	item	notas

Diário de Bordo

data	item	notas

data	item	notas

Diário de Bordo

data	item	notas

data	item	notas

Diário de Bordo

data	item	notas

data	item	notas
		Diário de Bordo

data	item	notas

data	item	notas

Diário de Bordo

data	item	notas

data	item	notas
		Diário de Bordo

data	item	notas

data	item	notas

Diário de Bordo

data	item	notas

data	item	notas
		Diário de Bordo

data	item	notas

data	item	notas

Diário de Bordo

data	item	notas

data	item	notas

Diário de Bordo

data	item	notas

data	item	notas

Diário de Bordo

data	item	notas

data	item	notas

Diário de Bordo

data	item	notas

data	item	notas

Diário de Bordo

data	item	notas

data	item	notas

Diário de Bordo

data	item	notas

data	item	notas

Diário de Bordo

data	item	notas

data	item	notas
		Diário de Bordo

data	item	notas

data	item	notas

Diário de Bordo

data	item	notas

data	item	notas

Diário de Bordo

data	item	notas

data	item	notas

Diário de Bordo

data	item	notas

data	item	notas

Diário de Bordo

data	item	notas

data	item	notas

Diário de Bordo

data	item	notas

data	item	notas

Diário de Bordo

data	item	notas

data	item	notas

Diário de Bordo

data	item	notas

data	item	notas
		Diário de Bordo

data	item	notas

data	item	notas

Diário de Bordo

data	item	notas

data	item	notas
		Diário de Bordo

data	item	notas

data	item	notas

Diário de Bordo

data	item	notas

date	item	notes

Diário de Bordo

Data de Término _____ / _____ / _____

Sumários

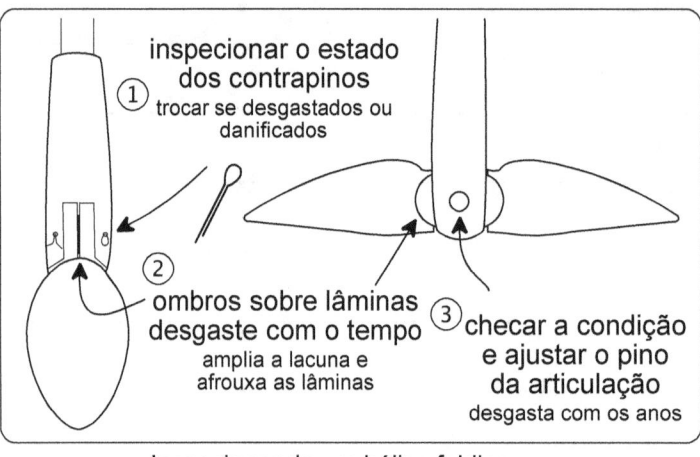

inspecionar o estado dos contrapinos
① trocar se desgastados ou danificados

② ombros sobre lâminas desgaste com o tempo
amplia a lacuna e afrouxa as lâminas

③ checar a condição e ajustar o pino da articulação
desgasta com os anos

Inspecionando um hélice folding

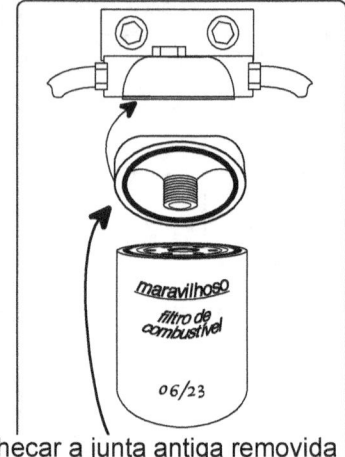

Checar a junta antiga removida do filtro de diesel secundário

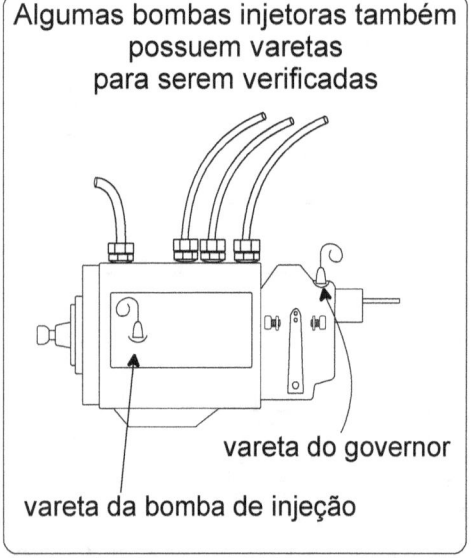

Algumas bombas injetoras também possuem varetas para serem verificadas

vareta do governor

vareta da bomba de injeção

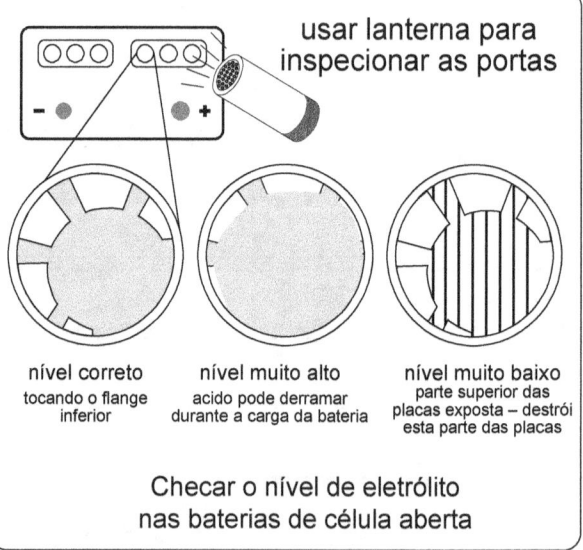

usar lanterna para inspecionar as portas

nível correto
tocando o flange inferior

nível muito alto
acido pode derramar durante a carga da bateria

nível muito baixo
parte superior das placas exposta – destrói esta parte das placas

Checar o nível de eletrólito nas baterias de célula aberta

Diário de Combustível Diesel

data	horas do motor	tanque nº	pré-filtro S / N	página registro
diesel no tanque L		**diesel adicionado** L	**total de diesel no tanque**	L
data	horas do motor	tanque nº	pré-filtro S / N	página registro
diesel no tanque L		**diesel adicionado** L	**total de diesel no tanque**	L
data	horas do motor	tanque nº	pré-filtro S / N	página registro
diesel no tanque L		**diesel adicionado** L	**total de diesel no tanque**	L
data	horas do motor	tanque nº	pré-filtro S / N	página registro
diesel no tanque L		**diesel adicionado** L	**total de diesel no tanque**	L
data	horas do motor	tanque nº	pré-filtro S / N	página registro
diesel no tanque L		**diesel adicionado** L	**total de diesel no tanque**	L
data	horas do motor	tanque nº	pré-filtro S / N	página registro
diesel no tanque L		**diesel adicionado** L	**total de diesel no tanque**	L

L – Litros
S / N – Sim / Não

funil filtrante

Sumários

data	horas do motor	tanque nº	pré-filtro S / N	página registro
diesel no tanque L		**diesel adicionado** L	**total de diesel no tanque**	L
data	horas do motor	tanque nº	pré-filtro S / N	página registro
diesel no tanque L		**diesel adicionado** L	**total de diesel no tanque**	L
data	horas do motor	tanque nº	pré-filtro S / N	página registro
diesel no tanque L		**diesel adicionado** L	**total de diesel no tanque**	L
data	horas do motor	tanque nº	pré-filtro S / N	página registro
diesel no tanque L		**diesel adicionado** L	**total de diesel no tanque**	L

Diário de Combustível Diesel

data	horas do motor	tanque n°	pré-filtro S / N	página registro
diesel no tanque L		diesel adicionado L	total de diesel no tanque L	
data	horas do motor	tanque n°	pré-filtro S / N	página registro
diesel no tanque L		diesel adicionado L	total de diesel no tanque L	
data	horas do motor	tanque n°	pré-filtro S / N	página registro
diesel no tanque L		diesel adicionado L	total de diesel no tanque L	
data	horas do motor	tanque n°	pré-filtro S / N	página registro
diesel no tanque L		diesel adicionado L	total de diesel no tanque L	
data	horas do motor	tanque n°	pré-filtro S / N	página registro
diesel no tanque L		diesel adicionado L	total de diesel no tanque L	
data	horas do motor	tanque n°	pré-filtro S / N	página registro
diesel no tanque L		diesel adicionado L	total de diesel no tanque L	
data	horas do motor	tanque n°	pré-filtro S / N	página registro
diesel no tanque L		diesel adicionado L	total de diesel no tanque L	
data	horas do motor	tanque n°	pré-filtro S / N	página registro
diesel no tanque L		diesel adicionado L	total de diesel no tanque L	
data	horas do motor	tanque n°	pré-filtro S / N	página registro
diesel no tanque L		diesel adicionado L	total de diesel no tanque L	
data	horas do motor	tanque n°	pré-filtro S / N	página registro
diesel no tanque L		diesel adicionado L	total de diesel no tanque L	
data	horas do motor	tanque n°	pré-filtro S / N	página registro
diesel no tanque L		diesel adicionado L	total de diesel no tanque L	

Diário de Combustível Diesel

data	horas do motor	tanque nº	pré-filtro S / N	página registro
diesel no tanque L		diesel adicionado L	total de diesel no tanque L	
data	horas do motor	tanque nº	pré-filtro S / N	página registro
diesel no tanque L		diesel adicionado L	total de diesel no tanque L	
data	horas do motor	tanque nº	pré-filtro S / N	página registro
diesel no tanque L		diesel adicionado L	total de diesel no tanque L	
data	horas do motor	tanque nº	pré-filtro S / N	página registro
diesel no tanque L		diesel adicionado L	total de diesel no tanque L	
data	horas do motor	tanque nº	pré-filtro S / N	página registro
diesel no tanque L		diesel adicionado L	total de diesel no tanque L	
data	horas do motor	tanque nº	pré-filtro S / N	página registro
diesel no tanque L		diesel adicionado L	total de diesel no tanque L	

L – Litros
S / N – Sim / Não

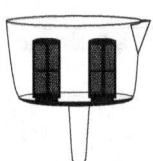 funil filtrante

Sumários

data	horas do motor	tanque nº	pré-filtro S / N	página registro
diesel no tanque L		diesel adicionado L	total de diesel no tanque L	
data	horas do motor	tanque nº	pré-filtro S / N	página registro
diesel no tanque L		diesel adicionado L	total de diesel no tanque L	
data	horas do motor	tanque nº	pré-filtro S / N	página registro
diesel no tanque L		diesel adicionado L	total de diesel no tanque L	
data	horas do motor	tanque nº	pré-filtro S / N	página registro
diesel no tanque L		diesel adicionado L	total de diesel no tanque L	

Diário de Combustível Diesel

*Notas*_____

data	horas do motor	tanque nº	pré-filtro S / N	página registro
diesel no tanque L		diesel adicionado L	total de diesel no tanque L	
data	horas do motor	tanque nº	pré-filtro S / N	página registro
diesel no tanque L		diesel adicionado L	total de diesel no tanque L	
data	horas do motor	tanque nº	pré-filtro S / N	página registro
diesel no tanque L		diesel adicionado L	total de diesel no tanque L	
data	horas do motor	tanque nº	pré-filtro S / N	página registro
diesel no tanque L		diesel adicionado L	total de diesel no tanque L	
data	horas do motor	tanque nº	pré-filtro S / N	página registro
diesel no tanque L		diesel adicionado L	total de diesel no tanque L	
data	horas do motor	tanque nº	pré-filtro S / N	página registro
diesel no tanque L		diesel adicionado L	total de diesel no tanque L	
data	horas do motor	tanque nº	pré-filtro S / N	página registro
diesel no tanque L		diesel adicionado L	total de diesel no tanque L	
data	horas do motor	tanque nº	pré-filtro S / N	página registro
diesel no tanque L		diesel adicionado L	total de diesel no tanque L	
data	horas do motor	tanque nº	pré-filtro S / N	página registro
diesel no tanque L		diesel adicionado L	total de diesel no tanque L	
data	horas do motor	tanque nº	pré-filtro S / N	página registro
diesel no tanque L		diesel adicionado L	total de diesel no tanque L	
data	horas do motor	tanque nº	pré-filtro S / N	página registro
diesel no tanque L		diesel adicionado L	total de diesel no tanque L	

Diário de Combustível Diesel

data	horas do motor	tanque nº	pré-filtro S / N	página registro
diesel no tanque L		diesel adicionado L	total de diesel no tanque L	
data	horas do motor	tanque nº	pré-filtro S / N	página registro
diesel no tanque L		diesel adicionado L	total de diesel no tanque L	
data	horas do motor	tanque nº	pré-filtro S / N	página registro
diesel no tanque L		diesel adicionado L	total de diesel no tanque L	
data	horas do motor	tanque nº	pré-filtro S / N	página registro
diesel no tanque L		diesel adicionado L	total de diesel no tanque L	
data	horas do motor	tanque nº	pré-filtro S / N	página registro
diesel no tanque L		diesel adicionado L	total de diesel no tanque L	
data	horas do motor	tanque nº	pré-filtro S / N	página registro
diesel no tanque L		diesel adicionado L	total de diesel no tanque L	

L – Litros
S / N – Sim / Não

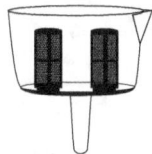
funil filtrante

Sumários

data	horas do motor	tanque nº	pré-filtro S / N	página registro
diesel no tanque L		diesel adicionado L	total de diesel no tanque L	
data	horas do motor	tanque nº	pré-filtro S / N	página registro
diesel no tanque L		diesel adicionado L	total de diesel no tanque L	
data	horas do motor	tanque nº	pré-filtro S / N	página registro
diesel no tanque L		diesel adicionado L	total de diesel no tanque L	
data	horas do motor	tanque nº	pré-filtro S / N	página registro
diesel no tanque L		diesel adicionado L	total de diesel no tanque L	

Diário de Combustível Diesel

Notas _____

data	horas do motor	tanque nº	pré-filtro S / N	página registro
diesel no tanque L		diesel adicionado L	total de diesel no tanque	L
data	horas do motor	tanque nº	pré-filtro S / N	página registro
diesel no tanque L		diesel adicionado L	total de diesel no tanque	L
data	horas do motor	tanque nº	pré-filtro S / N	página registro
diesel no tanque L		diesel adicionado L	total de diesel no tanque	L
data	horas do motor	tanque nº	pré-filtro S / N	página registro
diesel no tanque L		diesel adicionado L	total de diesel no tanque	L
data	horas do motor	tanque nº	pré-filtro S / N	página registro
diesel no tanque L		diesel adicionado L	total de diesel no tanque	L
data	horas do motor	tanque nº	pré-filtro S / N	página registro
diesel no tanque L		diesel adicionado L	total de diesel no tanque	L
data	horas do motor	tanque nº	pré-filtro S / N	página registro
diesel no tanque L		diesel adicionado L	total de diesel no tanque	L
data	horas do motor	tanque nº	pré-filtro S / N	página registro
diesel no tanque L		diesel adicionado L	total de diesel no tanque	L
data	horas do motor	tanque nº	pré-filtro S / N	página registro
diesel no tanque L		diesel adicionado L	total de diesel no tanque	L
data	horas do motor	tanque nº	pré-filtro S / N	página registro
diesel no tanque L		diesel adicionado L	total de diesel no tanque	L
data	horas do motor	tanque nº	pré-filtro S / N	página registro
diesel no tanque L		diesel adicionado L	total de diesel no tanque	L

Diário de Combustível Diesel

data	horas do motor	tanque nº	pré-filtro S / N	página registro
diesel no tanque L		diesel adicionado L	total de diesel no tanque	L
data	horas do motor	tanque nº	pré-filtro S / N	página registro
diesel no tanque L		diesel adicionado L	total de diesel no tanque	L
data	horas do motor	tanque nº	pré-filtro S / N	página registro
diesel no tanque L		diesel adicionado L	total de diesel no tanque	L
data	horas do motor	tanque nº	pré-filtro S / N	página registro
diesel no tanque L		diesel adicionado L	total de diesel no tanque	L
data	horas do motor	tanque nº	pré-filtro S / N	página registro
diesel no tanque L		diesel adicionado L	total de diesel no tanque	L
data	horas do motor	tanque nº	pré-filtro S / N	página registro
diesel no tanque L		diesel adicionado L	total de diesel no tanque	L

L – Litros
S / N – Sim / Não

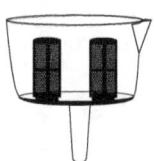 funil filtrante

Sumários

data	horas do motor	tanque nº	pré-filtro S / N	página registro
diesel no tanque L		diesel adicionado L	total de diesel no tanque	L
data	horas do motor	tanque nº	pré-filtro S / N	página registro
diesel no tanque L		diesel adicionado L	total de diesel no tanque	L
data	horas do motor	tanque nº	pré-filtro S / N	página registro
diesel no tanque L		diesel adicionado L	total de diesel no tanque	L
data	horas do motor	tanque nº	pré-filtro S / N	página registro
diesel no tanque L		diesel adicionado L	total de diesel no tanque	L

Diário de Combustível Diesel

*Notas*_____

data	horas do motor	tanque n°	pré-filtro S / N	página registro
diesel no tanque L		diesel adicionado L	total de diesel no tanque L	
data	horas do motor	tanque n°	pré-filtro S / N	página registro
diesel no tanque L		diesel adicionado L	total de diesel no tanque L	
data	horas do motor	tanque n°	pré-filtro S / N	página registro
diesel no tanque L		diesel adicionado L	total de diesel no tanque L	
data	horas do motor	tanque n°	pré-filtro S / N	página registro
diesel no tanque L		diesel adicionado L	total de diesel no tanque L	
data	horas do motor	tanque n°	pré-filtro S / N	página registro
diesel no tanque L		diesel adicionado L	total de diesel no tanque L	
data	horas do motor	tanque n°	pré-filtro S / N	página registro
diesel no tanque L		diesel adicionado L	total de diesel no tanque L	
data	horas do motor	tanque n°	pré-filtro S / N	página registro
diesel no tanque L		diesel adicionado L	total de diesel no tanque L	
data	horas do motor	tanque n°	pré-filtro S / N	página registro
diesel no tanque L		diesel adicionado L	total de diesel no tanque L	
data	horas do motor	tanque n°	pré-filtro S / N	página registro
diesel no tanque L		diesel adicionado L	total de diesel no tanque L	
data	horas do motor	tanque n°	pré-filtro S / N	página registro
diesel no tanque L		diesel adicionado L	total de diesel no tanque L	
data	horas do motor	tanque n°	pré-filtro S / N	página registro
diesel no tanque L		diesel adicionado L	total de diesel no tanque L	

Diário de Combustível Diesel

data	horas do motor	tanque n°	pré-filtro S / N	página registro
diesel no tanque L		diesel adicionado L	total de diesel no tanque L	
data	horas do motor	tanque n°	pré-filtro S / N	página registro
diesel no tanque L		diesel adicionado L	total de diesel no tanque L	
data	horas do motor	tanque n°	pré-filtro S / N	página registro
diesel no tanque L		diesel adicionado L	total de diesel no tanque L	
data	horas do motor	tanque n°	pré-filtro S / N	página registro
diesel no tanque L		diesel adicionado L	total de diesel no tanque L	
data	horas do motor	tanque n°	pré-filtro S / N	página registro
diesel no tanque L		diesel adicionado L	total de diesel no tanque L	
data	horas do motor	tanque n°	pré-filtro S / N	página registro
diesel no tanque L		diesel adicionado L	total de diesel no tanque L	

L – Litros
S / N – Sim / Não

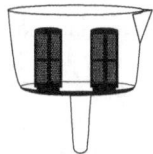

funil filtrante

Sumários

data	horas do motor	tanque n°	pré-filtro S / N	página registro
diesel no tanque L		diesel adicionado L	total de diesel no tanque L	
data	horas do motor	tanque n°	pré-filtro S / N	página registro
diesel no tanque L		diesel adicionado L	total de diesel no tanque L	
data	horas do motor	tanque n°	pré-filtro S / N	página registro
diesel no tanque L		diesel adicionado L	total de diesel no tanque L	
data	horas do motor	tanque n°	pré-filtro S / N	página registro
diesel no tanque L		diesel adicionado L	total de diesel no tanque L	

Diário de Combustível Diesel

*Notas*_____

data	horas do motor	tanque nº	pré-filtro S / N	página registro
diesel no tanque L	diesel adicionado	L	total de diesel no tanque	L
data	horas do motor	tanque nº	pré-filtro S / N	página registro
diesel no tanque L	diesel adicionado	L	total de diesel no tanque	L
data	horas do motor	tanque nº	pré-filtro S / N	página registro
diesel no tanque L	diesel adicionado	L	total de diesel no tanque	L
data	horas do motor	tanque nº	pré-filtro S / N	página registro
diesel no tanque L	diesel adicionado	L	total de diesel no tanque	L
data	horas do motor	tanque nº	pré-filtro S / N	página registro
diesel no tanque L	diesel adicionado	L	total de diesel no tanque	L
data	horas do motor	tanque nº	pré-filtro S / N	página registro
diesel no tanque L	diesel adicionado	L	total de diesel no tanque	L
data	horas do motor	tanque nº	pré-filtro S / N	página registro
diesel no tanque L	diesel adicionado	L	total de diesel no tanque	L
data	horas do motor	tanque nº	pré-filtro S / N	página registro
diesel no tanque L	diesel adicionado	L	total de diesel no tanque	L
data	horas do motor	tanque nº	pré-filtro S / N	página registro
diesel no tanque L	diesel adicionado	L	total de diesel no tanque	L
data	horas do motor	tanque nº	pré-filtro S / N	página registro
diesel no tanque L	diesel adicionado	L	total de diesel no tanque	L
data	horas do motor	tanque nº	pré-filtro S / N	página registro
diesel no tanque L	diesel adicionado	L	total de diesel no tanque	L

Diário de Combustível Diesel

data	horas do motor	tanque nº	pré-filtro S / N	página registro
diesel no tanque L	diesel adicionado L		total de diesel no tanque L	
data	horas do motor	tanque nº	pré-filtro S / N	página registro
diesel no tanque L	diesel adicionado L		total de diesel no tanque L	
data	horas do motor	tanque nº	pré-filtro S / N	página registro
diesel no tanque L	diesel adicionado L		total de diesel no tanque L	
data	horas do motor	tanque nº	pré-filtro S / N	página registro
diesel no tanque L	diesel adicionado L		total de diesel no tanque L	
data	horas do motor	tanque nº	pré-filtro S / N	página registro
diesel no tanque L	diesel adicionado L		total de diesel no tanque L	
data	horas do motor	tanque nº	pré-filtro S / N	página registro
diesel no tanque L	diesel adicionado L		total de diesel no tanque L	

L – Litros
S / N – Sim / Não

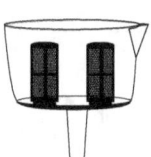

funil filtrante

Sumários

data	horas do motor	tanque nº	pré-filtro S / N	página registro
diesel no tanque L	diesel adicionado L		total de diesel no tanque L	
data	horas do motor	tanque nº	pré-filtro S / N	página registro
diesel no tanque L	diesel adicionado L		total de diesel no tanque L	
data	horas do motor	tanque nº	pré-filtro S / N	página registro
diesel no tanque L	diesel adicionado L		total de diesel no tanque L	
data	horas do motor	tanque nº	pré-filtro S / N	página registro
diesel no tanque L	diesel adicionado L		total de diesel no tanque L	

Diário de Combustível Diesel

*Notas*_____

data	horas do motor	tanque nº	pré-filtro S / N	página registro
diesel no tanque L		diesel adicionado L	total de diesel no tanque	L
data	horas do motor	tanque nº	pré-filtro S / N	página registro
diesel no tanque L		diesel adicionado L	total de diesel no tanque	L
data	horas do motor	tanque nº	pré-filtro S / N	página registro
diesel no tanque L		diesel adicionado L	total de diesel no tanque	L
data	horas do motor	tanque nº	pré-filtro S / N	página registro
diesel no tanque L		diesel adicionado L	total de diesel no tanque	L
data	horas do motor	tanque nº	pré-filtro S / N	página registro
diesel no tanque L		diesel adicionado L	total de diesel no tanque	L
data	horas do motor	tanque nº	pré-filtro S / N	página registro
diesel no tanque L		diesel adicionado L	total de diesel no tanque	L
data	horas do motor	tanque nº	pré-filtro S / N	página registro
diesel no tanque L		diesel adicionado L	total de diesel no tanque	L
data	horas do motor	tanque nº	pré-filtro S / N	página registro
diesel no tanque L		diesel adicionado L	total de diesel no tanque	L
data	horas do motor	tanque nº	pré-filtro S / N	página registro
diesel no tanque L		diesel adicionado L	total de diesel no tanque	L
data	horas do motor	tanque nº	pré-filtro S / N	página registro
diesel no tanque L		diesel adicionado L	total de diesel no tanque	L
data	horas do motor	tanque nº	pré-filtro S / N	página registro
diesel no tanque L		diesel adicionado L	total de diesel no tanque	L

Diário de Combustível Diesel

data	horas do motor	tanque nº	pré-filtro S / N	página registro
diesel no tanque L		diesel adicionado L	total de diesel no tanque L	
data	horas do motor	tanque nº	pré-filtro S / N	página registro
diesel no tanque L		diesel adicionado L	total de diesel no tanque L	
data	horas do motor	tanque nº	pré-filtro S / N	página registro
diesel no tanque L		diesel adicionado L	total de diesel no tanque L	
data	horas do motor	tanque nº	pré-filtro S / N	página registro
diesel no tanque L		diesel adicionado L	total de diesel no tanque L	
data	horas do motor	tanque nº	pré-filtro S / N	página registro
diesel no tanque L		diesel adicionado L	total de diesel no tanque L	
data	horas do motor	tanque nº	pré-filtro S / N	página registro
diesel no tanque L		diesel adicionado L	total de diesel no tanque L	

L – Litros
S / N – Sim / Não

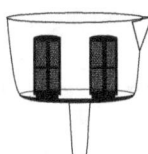

funil filtrante

Sumários

data	horas do motor	tanque nº	pré-filtro S / N	página registro
diesel no tanque L		diesel adicionado L	total de diesel no tanque L	
data	horas do motor	tanque nº	pré-filtro S / N	página registro
diesel no tanque L		diesel adicionado L	total de diesel no tanque L	
data	horas do motor	tanque nº	pré-filtro S / N	página registro
diesel no tanque L		diesel adicionado L	total de diesel no tanque L	
data	horas do motor	tanque nº	pré-filtro S / N	página registro
diesel no tanque L		diesel adicionado L	total de diesel no tanque L	

Trocas de Óleo do Motor

Notas _____

data		motor BB/BE	horas do motor	filtro nº		página registro
óleo retirado		óleo adicionado		marca e grau do óleo		
	L		L			
data		motor BB/BE	horas do motor	filtro nº		página registro
óleo retirado		óleo adicionado		marca e grau do óleo		
	L		L			
data		motor BB/BE	horas do motor	filtro nº		página registro
óleo retirado		óleo adicionado		marca e grau do óleo		
	L		L			
data		motor BB/BE	horas do motor	filtro nº		página registro
óleo retirado		óleo adicionado		marca e grau do óleo		
	L		L			
data		motor BB/BE	horas do motor	filtro nº		página registro
óleo retirado		óleo adicionado		marca e grau do óleo		
	L		L			
data		motor BB/BE	horas do motor	filtro nº		página registro
óleo retirado		óleo adicionado		marca e grau do óleo		
	L		L			
data		motor BB/BE	horas do motor	filtro nº		página registro
óleo retirado		óleo adicionado		marca e grau do óleo		
	L		L			
data		motor BB/BE	horas do motor	filtro nº		página registro
óleo retirado		óleo adicionado		marca e grau do óleo		
	L		L			
data		motor BB/BE	horas do motor	filtro nº		página registro
óleo retirado		óleo adicionado		marca e grau do óleo		
	L		L			
data		motor BB/BE	horas do motor	filtro nº		página registro
óleo retirado		óleo adicionado		marca e grau do óleo		
	L		L			
data		motor BB/BE	horas do motor	filtro nº		página registro
óleo retirado		óleo adicionado		marca e grau do óleo		
	L		L			

Trocas de Óleo do Motor

data		motor BB/BE	horas do motor	filtro nº		página registro
óleo retirado		óleo adicionado		marca e grau do óleo		
	L		L			
data		motor BB/BE	horas do motor	filtro nº		página registro
óleo retirado		óleo adicionado		marca e grau do óleo		
	L		L			
data		motor BB/BE	horas do motor	filtro nº		página registro
óleo retirado		óleo adicionado		marca e grau do óleo		
	L		L			
data		motor BB/BE	horas do motor	filtro nº		página registro
óleo retirado		óleo adicionado		marca e grau do óleo		
	L		L			
data		motor BB/BE	horas do motor	filtro nº		página registro
óleo retirado		óleo adicionado		marca e grau do óleo		
	L		L			
data		motor BB/BE	horas do motor	filtro nº		página registro
óleo retirado		óleo adicionado		marca e grau do óleo		
	L		L			

motor BB/BE – motor Bombordo ou Boreste
L – Litros

Sumários

data		motor BB/BE	horas do motor	filtro nº		página registro
óleo retirado		óleo adicionado		marca e grau do óleo		
	L		L			
data		motor BB/BE	horas do motor	filtro nº		página registro
óleo retirado		óleo adicionado		marca e grau do óleo		
	L		L			
data		motor BB/BE	horas do motor	filtro nº		página registro
óleo retirado		óleo adicionado		marca e grau do óleo		
	L		L			
data		motor BB/BE	horas do motor	filtro nº		página registro
óleo retirado		óleo adicionado		marca e grau do óleo		
	L		L			

Trocas de Óleo do Motor

*Notas*_____

data		motor BB/BE	horas do motor	filtro nº	página registro
óleo retirado		óleo adicionado		marca e grau do óleo	
	L		L		
data		motor BB/BE	horas do motor	filtro nº	página registro
óleo retirado		óleo adicionado		marca e grau do óleo	
	L		L		
data		motor BB/BE	horas do motor	filtro nº	página registro
óleo retirado		óleo adicionado		marca e grau do óleo	
	L		L		
data		motor BB/BE	horas do motor	filtro nº	página registro
óleo retirado		óleo adicionado		marca e grau do óleo	
	L		L		
data		motor BB/BE	horas do motor	filtro nº	página registro
óleo retirado		óleo adicionado		marca e grau do óleo	
	L		L		
data		motor BB/BE	horas do motor	filtro nº	página registro
óleo retirado		óleo adicionado		marca e grau do óleo	
	L		L		
data		motor BB/BE	horas do motor	filtro nº	página registro
óleo retirado		óleo adicionado		marca e grau do óleo	
	L		L		
data		motor BB/BE	horas do motor	filtro nº	página registro
óleo retirado		óleo adicionado		marca e grau do óleo	
	L		L		
data		motor BB/BE	horas do motor	filtro nº	página registro
óleo retirado		óleo adicionado		marca e grau do óleo	
	L		L		
data		motor BB/BE	horas do motor	filtro nº	página registro
óleo retirado		óleo adicionado		marca e grau do óleo	
	L		L		
data		motor BB/BE	horas do motor	filtro nº	página registro
óleo retirado		óleo adicionado		marca e grau do óleo	
	L		L		

Trocas de Óleo do Motor

data		motor BB/BE	horas do motor	filtro nº	página registro
óleo retirado		óleo adicionado		marca e grau do óleo	
	L		L		
data		motor BB/BE	horas do motor	filtro nº	página registro
óleo retirado		óleo adicionado		marca e grau do óleo	
	L		L		
data		motor BB/BE	horas do motor	filtro nº	página registro
óleo retirado		óleo adicionado		marca e grau do óleo	
	L		L		
data		motor BB/BE	horas do motor	filtro nº	página registro
óleo retirado		óleo adicionado		marca e grau do óleo	
	L		L		
data		motor BB/BE	horas do motor	filtro nº	página registro
óleo retirado		óleo adicionado		marca e grau do óleo	
	L		L		
data		motor BB/BE	horas do motor	filtro nº	página registro
óleo retirado		óleo adicionado		marca e grau do óleo	
	L		L		

motor BB/BE – motor Bombordo ou Boreste
L – Litros

Sumários

data		motor BB/BE	horas do motor	filtro nº	página registro
óleo retirado		óleo adicionado		marca e grau do óleo	
	L		L		
data		motor BB/BE	horas do motor	filtro nº	página registro
óleo retirado		óleo adicionado		marca e grau do óleo	
	L		L		
data		motor BB/BE	horas do motor	filtro nº	página registro
óleo retirado		óleo adicionado		marca e grau do óleo	
	L		L		
data		motor BB/BE	horas do motor	filtro nº	página registro
óleo retirado		óleo adicionado		marca e grau do óleo	
	L		L		

Trocas de Óleo do Motor

*Notas*_____

data		motor BB/BE	horas do motor	filtro nº		página registro
óleo retirado		óleo adicionado		marca e grau do óleo		
	L		L			
data		motor BB/BE	horas do motor	filtro nº		página registro
óleo retirado		óleo adicionado		marca e grau do óleo		
	L		L			
data		motor BB/BE	horas do motor	filtro nº		página registro
óleo retirado		óleo adicionado		marca e grau do óleo		
	L		L			
data		motor BB/BE	horas do motor	filtro nº		página registro
óleo retirado		óleo adicionado		marca e grau do óleo		
	L		L			
data		motor BB/BE	horas do motor	filtro nº		página registro
óleo retirado		óleo adicionado		marca e grau do óleo		
	L		L			
data		motor BB/BE	horas do motor	filtro nº		página registro
óleo retirado		óleo adicionado		marca e grau do óleo		
	L		L			
data		motor BB/BE	horas do motor	filtro nº		página registro
óleo retirado		óleo adicionado		marca e grau do óleo		
	L		L			
data		motor BB/BE	horas do motor	filtro nº		página registro
óleo retirado		óleo adicionado		marca e grau do óleo		
	L		L			
data		motor BB/BE	horas do motor	filtro nº		página registro
óleo retirado		óleo adicionado		marca e grau do óleo		
	L		L			
data		motor BB/BE	horas do motor	filtro nº		página registro
óleo retirado		óleo adicionado		marca e grau do óleo		
	L		L			
data		motor BB/BE	horas do motor	filtro nº		página registro
óleo retirado		óleo adicionado		marca e grau do óleo		
	L		L			

Trocas de Óleo do Motor

data		motor BB/BE	horas do motor	filtro n°	página registro
óleo retirado	óleo adicionado		marca e grau do óleo		
L	L				
data		motor BB/BE	horas do motor	filtro n°	página registro
óleo retirado	óleo adicionado		marca e grau do óleo		
L	L				
data		motor BB/BE	horas do motor	filtro n°	página registro
óleo retirado	óleo adicionado		marca e grau do óleo		
L	L				
data		motor BB/BE	horas do motor	filtro n°	página registro
óleo retirado	óleo adicionado		marca e grau do óleo		
L	L				
data		motor BB/BE	horas do motor	filtro n°	página registro
óleo retirado	óleo adicionado		marca e grau do óleo		
L	L				
data		motor BB/BE	horas do motor	filtro n°	página registro
óleo retirado	óleo adicionado		marca e grau do óleo		
L	L				

motor BB/BE – motor Bombordo ou Boreste
L – Litros

Sumários

data		motor BB/BE	horas do motor	filtro n°	página registro
óleo retirado	óleo adicionado		marca e grau do óleo		
L	L				
data		motor BB/BE	horas do motor	filtro n°	página registro
óleo retirado	óleo adicionado		marca e grau do óleo		
L	L				
data		motor BB/BE	horas do motor	filtro n°	página registro
óleo retirado	óleo adicionado		marca e grau do óleo		
L	L				
data		motor BB/BE	horas do motor	filtro n°	página registro
óleo retirado	óleo adicionado		marca e grau do óleo		
L	L				

Trocas do Fluido* da Transmissão/Reversor

Notas _____

data		motor BB/BE	horas do motor	cor do ATF	página registro
ATF retirado	L	ATF novo adicionado	L	marca e grau do ATF	
data		motor BB/BE	horas do motor	cor do ATF	página registro
ATF retirado	L	ATF novo adicionado	L	marca e grau do ATF	
data		motor BB/BE	horas do motor	cor do ATF	página registro
ATF retirado	L	ATF novo adicionado	L	marca e grau do ATF	
data		motor BB/BE	horas do motor	cor do ATF	página registro
ATF retirado	L	ATF novo adicionado	L	marca e grau do ATF	
data		motor BB/BE	horas do motor	cor do ATF	página registro
ATF retirado	L	ATF novo adicionado	L	marca e grau do ATF	
data		motor BB/BE	horas do motor	cor do ATF	página registro
ATF retirado	L	ATF novo adicionado	L	marca e grau do ATF	
data		motor BB/BE	horas do motor	cor do ATF	página registro
ATF retirado	L	ATF novo adicionado	L	marca e grau do ATF	
data		motor BB/BE	horas do motor	cor do ATF	página registro
ATF retirado	L	ATF novo adicionado	L	marca e grau do ATF	
data		motor BB/BE	horas do motor	cor do ATF	página registro
ATF retirado	L	ATF novo adicionado	L	marca e grau do ATF	
data		motor BB/BE	horas do motor	cor do ATF	página registro
ATF retirado	L	ATF novo adicionado	L	marca e grau do ATF	
data		motor BB/BE	horas do motor	cor do ATF	página registro
ATF retirado	L	ATF novo adicionado	L	marca e grau do ATF	

Trocas do Fluido* da Transmissão/Reversor

data		motor BB/BE	horas do motor	cor do ATF	página registro
ATF retirado		ATF novo adicionado		marca e grau do ATF	
	L		L		
data		motor BB/BE	horas do motor	cor do ATF	página registro
ATF retirado		ATF novo adicionado		marca e grau do ATF	
	L		L		
data		motor BB/BE	horas do motor	cor do ATF	página registro
ATF retirado		ATF novo adicionado		marca e grau do ATF	
	L		L		
data		motor BB/BE	horas do motor	cor do ATF	página registro
ATF retirado		ATF novo adicionado		marca e grau do ATF	
	L		L		
data		motor BB/BE	horas do motor	cor do ATF	página registro
ATF retirado		ATF novo adicionado		marca e grau do ATF	
	L		L		
data		motor BB/BE	horas do motor	cor do ATF	página registro
ATF retirado		ATF novo adicionado		marca e grau do ATF	
	L		L		

motor BB/BE – Bombordo ou Boreste
L – Litros

Sumários

data		motor BB/BE	horas do motor	cor do ATF	página registro
ATF retirado		ATF novo adicionado		marca e grau do ATF	
	L		L		
data		motor BB/BE	horas do motor	cor do ATF	página registro
ATF retirado		ATF novo adicionado		marca e grau do ATF	
	L		L		
data		motor BB/BE	horas do motor	cor do ATF	página registro
ATF retirado		ATF novo adicionado		marca e grau do ATF	
	L		L		
data		motor BB/BE	horas do motor	cor do ATF	página registro
ATF retirado		ATF novo adicionado		marca e grau do ATF	
	L		L		

*ATF ou óleo de motor, ver manual

Trocas do Fluido* da Transmissão/Reversor

Notas _____

data		motor BB/BE	horas do motor	cor do ATF	página registro
ATF retirado	L	ATF novo adicionado	L	marca e grau do ATF	
data		motor BB/BE	horas do motor	cor do ATF	página registro
ATF retirado	L	ATF novo adicionado	L	marca e grau do ATF	
data		motor BB/BE	horas do motor	cor do ATF	página registro
ATF retirado	L	ATF novo adicionado	L	marca e grau do ATF	
data		motor BB/BE	horas do motor	cor do ATF	página registro
ATF retirado	L	ATF novo adicionado	L	marca e grau do ATF	
data		motor BB/BE	horas do motor	cor do ATF	página registro
ATF retirado	L	ATF novo adicionado	L	marca e grau do ATF	
data		motor BB/BE	horas do motor	cor do ATF	página registro
ATF retirado	L	ATF novo adicionado	L	marca e grau do ATF	
data		motor BB/BE	horas do motor	cor do ATF	página registro
ATF retirado	L	ATF novo adicionado	L	marca e grau do ATF	
data		motor BB/BE	horas do motor	cor do ATF	página registro
ATF retirado	L	ATF novo adicionado	L	marca e grau do ATF	
data		motor BB/BE	horas do motor	cor do ATF	página registro
ATF retirado	L	ATF novo adicionado	L	marca e grau do ATF	
data		motor BB/BE	horas do motor	cor do ATF	página registro
ATF retirado	L	ATF novo adicionado	L	marca e grau do ATF	
data		motor BB/BE	horas do motor	cor do ATF	página registro
ATF retirado	L	ATF novo adicionado	L	marca e grau do ATF	

Trocas do Fluido* da Transmissão/Reversor

data		motor BB/BE	horas do motor	cor do ATF		página registro
ATF retirado		ATF novo adicionado		marca e grau do ATF		
	L		L			
data		motor BB/BE	horas do motor	cor do ATF		página registro
ATF retirado		ATF novo adicionado		marca e grau do ATF		
	L		L			
data		motor BB/BE	horas do motor	cor do ATF		página registro
ATF retirado		ATF novo adicionado		marca e grau do ATF		
	L		L			
data		motor BB/BE	horas do motor	cor do ATF		página registro
ATF retirado		ATF novo adicionado		marca e grau do ATF		
	L		L			
data		motor BB/BE	horas do motor	cor do ATF		página registro
ATF retirado		ATF novo adicionado		marca e grau do ATF		
	L		L			
data		motor BB/BE	horas do motor	cor do ATF		página registro
ATF retirado		ATF novo adicionado		marca e grau do ATF		
	L		L			

motor BB/BE – Bombordo ou Boreste
L – Litros

Sumários

data		motor BB/BE	horas do motor	cor do ATF		página registro
ATF retirado		ATF novo adicionado		marca e grau do ATF		
	L		L			
data		motor BB/BE	horas do motor	cor do ATF		página registro
ATF retirado		ATF novo adicionado		marca e grau do ATF		
	L		L			
data		motor BB/BE	horas do motor	cor do ATF		página registro
ATF retirado		ATF novo adicionado		marca e grau do ATF		
	L		L			
data		motor BB/BE	horas do motor	cor do ATF		página registro
ATF retirado		ATF novo adicionado		marca e grau do ATF		
	L		L			

*ATF ou óleo de motor, ver manual

Trocas do Filtro de Diesel Primário

*Notas*_____

data	motor BB/BE	horas do motor	tamanho μm	página registro
marca e modelo do filtro			condição do filtro retirado	
data	motor BB/BE	horas do motor	tamanho μm	página registro
marca e modelo do filtro			condição do filtro retirado	
data	motor BB/BE	horas do motor	tamanho μm	página registro
marca e modelo do filtro			condição do filtro retirado	
data	motor BB/BE	horas do motor	tamanho μm	página registro
marca e modelo do filtro			condição do filtro retirado	
data	motor BB/BE	horas do motor	tamanho μm	página registro
marca e modelo do filtro			condição do filtro retirado	
data	motor BB/BE	horas do motor	tamanho μm	página registro
marca e modelo do filtro			condição do filtro retirado	
data	motor BB/BE	horas do motor	tamanho μm	página registro
marca e modelo do filtro			condição do filtro retirado	
data	motor BB/BE	horas do motor	tamanho μm	página registro
marca e modelo do filtro			condição do filtro retirado	
data	motor BB/BE	horas do motor	tamanho μm	página registro
marca e modelo do filtro			condição do filtro retirado	
data	motor BB/BE	horas do motor	tamanho μm	página registro
marca e modelo do filtro			condição do filtro retirado	
data	motor BB/BE	horas do motor	tamanho μm	página registro
marca e modelo do filtro			condição do filtro retirado	

Trocas do Filtro de Diesel Primário

data	motor BB/BE	horas do motor	tamanho µm	página registro
marca e modelo do filtro			condição do filtro retirado	
data	motor BB/BE	horas do motor	tamanho µm	página registro
marca e modelo do filtro			condição do filtro retirado	
data	motor BB/BE	horas do motor	tamanho µm	página registro
marca e modelo do filtro			condição do filtro retirado	
data	motor BB/BE	horas do motor	tamanho µm	página registro
marca e modelo do filtro			condição do filtro retirado	
data	motor BB/BE	horas do motor	tamanho µm	página registro
marca e modelo do filtro			condição do filtro retirado	
data	motor BB/BE	horas do motor	tamanho µm	página registro
marca e modelo do filtro			condição do filtro retirado	

motor BB/BE – Bombordo ou Boreste
tamanho µm – tamanho do filtro em micrômetros

Sumários

data	motor BB/BE	horas do motor	tamanho µm	página registro
marca e modelo do filtro			condição do filtro retirado	
data	motor BB/BE	horas do motor	tamanho µm	página registro
marca e modelo do filtro			condição do filtro retirado	
data	motor BB/BE	horas do motor	tamanho µm	página registro
marca e modelo do filtro			condição do filtro retirado	
data	motor BB/BE	horas do motor	tamanho µm	página registro
marca e modelo do filtro			condição do filtro retirado	

Trocas do Filtro de Diesel Primário

*Notas*_____

data		motor BB/BE	horas do motor	tamanho μm		página registro
marca e modelo do filtro				condição do filtro retirado		
data		motor BB/BE	horas do motor	tamanho μm		página registro
marca e modelo do filtro				condição do filtro retirado		
data		motor BB/BE	horas do motor	tamanho μm		página registro
marca e modelo do filtro				condição do filtro retirado		
data		motor BB/BE	horas do motor	tamanho μm		página registro
marca e modelo do filtro				condição do filtro retirado		
data		motor BB/BE	horas do motor	tamanho μm		página registro
marca e modelo do filtro				condição do filtro retirado		
data		motor BB/BE	horas do motor	tamanho μm		página registro
marca e modelo do filtro				condição do filtro retirado		
data		motor BB/BE	horas do motor	tamanho μm		página registro
marca e modelo do filtro				condição do filtro retirado		
data		motor BB/BE	horas do motor	tamanho μm		página registro
marca e modelo do filtro				condição do filtro retirado		
data		motor BB/BE	horas do motor	tamanho μm		página registro
marca e modelo do filtro				condição do filtro retirado		
data		motor BB/BE	horas do motor	tamanho μm		página registro
marca e modelo do filtro				condição do filtro retirado		
data		motor BB/BE	horas do motor	tamanho μm		página registro
marca e modelo do filtro				condição do filtro retirado		

Trocas do Filtro de Diesel Primário

data	motor BB/BE	horas do motor	tamanho µm	página registro
marca e modelo do filtro			condição do filtro retirado	

data	motor BB/BE	horas do motor	tamanho µm	página registro
marca e modelo do filtro			condição do filtro retirado	

data	motor BB/BE	horas do motor	tamanho µm	página registro
marca e modelo do filtro			condição do filtro retirado	

data	motor BB/BE	horas do motor	tamanho µm	página registro
marca e modelo do filtro			condição do filtro retirado	

data	motor BB/BE	horas do motor	tamanho µm	página registro
marca e modelo do filtro			condição do filtro retirado	

data	motor BB/BE	horas do motor	tamanho µm	página registro
marca e modelo do filtro			condição do filtro retirado	

motor BB/BE – Bombordo ou Boreste
tamanho µm – tamanho do filtro em micrômetros

 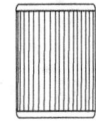

Sumários

data	motor BB/BE	horas do motor	tamanho µm	página registro
marca e modelo do filtro			condição do filtro retirado	

data	motor BB/BE	horas do motor	tamanho µm	página registro
marca e modelo do filtro			condição do filtro retirado	

data	motor BB/BE	horas do motor	tamanho µm	página registro
marca e modelo do filtro			condição do filtro retirado	

data	motor BB/BE	horas do motor	tamanho µm	página registro
marca e modelo do filtro			condição do filtro retirado	

Trocas do Filtro de Diesel Secundário

*Notas*_____

data	motor BB/BE	horas do motor	tamanho μm	página registro
marca e modelo do filtro			condição do filtro retirado	
data	motor BB/BE	horas do motor	tamanho μm	página registro
marca e modelo do filtro			condição do filtro retirado	
data	motor BB/BE	horas do motor	tamanho μm	página registro
marca e modelo do filtro			condição do filtro retirado	
data	motor BB/BE	horas do motor	tamanho μm	página registro
marca e modelo do filtro			condição do filtro retirado	
data	motor BB/BE	horas do motor	tamanho μm	página registro
marca e modelo do filtro			condição do filtro retirado	
data	motor BB/BE	horas do motor	tamanho μm	página registro
marca e modelo do filtro			condição do filtro retirado	
data	motor BB/BE	horas do motor	tamanho μm	página registro
marca e modelo do filtro			condição do filtro retirado	
data	motor BB/BE	horas do motor	tamanho μm	página registro
marca e modelo do filtro			condição do filtro retirado	
data	motor BB/BE	horas do motor	tamanho μm	página registro
marca e modelo do filtro			condição do filtro retirado	
data	motor BB/BE	horas do motor	tamanho μm	página registro
marca e modelo do filtro			condição do filtro retirado	
data	motor BB/BE	horas do motor	tamanho μm	página registro
marca e modelo do filtro			condição do filtro retirado	

Trocas do Filtro de Diesel Secundário

data		motor BB/BE	horas do motor	tamanho μm	página registro
marca e modelo do filtro			condição do filtro retirado		

data		motor BB/BE	horas do motor	tamanho μm	página registro
marca e modelo do filtro			condição do filtro retirado		

data		motor BB/BE	horas do motor	tamanho μm	página registro
marca e modelo do filtro			condição do filtro retirado		

data		motor BB/BE	horas do motor	tamanho μm	página registro
marca e modelo do filtro			condição do filtro retirado		

data		motor BB/BE	horas do motor	tamanho μm	página registro
marca e modelo do filtro			condição do filtro retirado		

data		motor BB/BE	horas do motor	tamanho μm	página registro
marca e modelo do filtro			condição do filtro retirado		

motor BB/BE – Bombordo ou Boreste
tamanho μm – tamanho do filtro em micrômetros

Sumários

data		motor BB/BE	horas do motor	tamanho μm	página registro
marca e modelo do filtro			condição do filtro retirado		

data		motor BB/BE	horas do motor	tamanho μm	página registro
marca e modelo do filtro			condição do filtro retirado		

data		motor BB/BE	horas do motor	tamanho μm	página registro
marca e modelo do filtro			condição do filtro retirado		

data		motor BB/BE	horas do motor	tamanho μm	página registro
marca e modelo do filtro			condição do filtro retirado		

Trocas do Filtro de Diesel Secundário

*Notas*_____

data	motor BB/BE	horas do motor	tamanho μm	página registro
marca e modelo do filtro			condição do filtro retirado	
data	motor BB/BE	horas do motor	tamanho μm	página registro
marca e modelo do filtro			condição do filtro retirado	
data	motor BB/BE	horas do motor	tamanho μm	página registro
marca e modelo do filtro			condição do filtro retirado	
data	motor BB/BE	horas do motor	tamanho μm	página registro
marca e modelo do filtro			condição do filtro retirado	
data	motor BB/BE	horas do motor	tamanho μm	página registro
marca e modelo do filtro			condição do filtro retirado	
data	motor BB/BE	horas do motor	tamanho μm	página registro
marca e modelo do filtro			condição do filtro retirado	
data	motor BB/BE	horas do motor	tamanho μm	página registro
marca e modelo do filtro			condição do filtro retirado	
data	motor BB/BE	horas do motor	tamanho μm	página registro
marca e modelo do filtro			condição do filtro retirado	
data	motor BB/BE	horas do motor	tamanho μm	página registro
marca e modelo do filtro			condição do filtro retirado	
data	motor BB/BE	horas do motor	tamanho μm	página registro
marca e modelo do filtro			condição do filtro retirado	
data	motor BB/BE	horas do motor	tamanho μm	página registro
marca e modelo do filtro			condição do filtro retirado	

Trocas do Filtro de Diesel Secundário

data		motor BB/BE	horas do motor	tamanho μm		página registro
marca e modelo do filtro			condição do filtro retirado			
data		motor BB/BE	horas do motor	tamanho μm		página registro
marca e modelo do filtro			condição do filtro retirado			
data		motor BB/BE	horas do motor	tamanho μm		página registro
marca e modelo do filtro			condição do filtro retirado			
data		motor BB/BE	horas do motor	tamanho μm		página registro
marca e modelo do filtro			condição do filtro retirado			
data		motor BB/BE	horas do motor	tamanho μm		página registro
marca e modelo do filtro			condição do filtro retirado			
data		motor BB/BE	horas do motor	tamanho μm		página registro
marca e modelo do filtro			condição do filtro retirado			

motor BB/BE – Bombordo ou Boreste
tamanho μm – tamanho do filtro em micrômetros

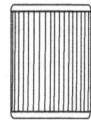

Sumários

data		motor BB/BE	horas do motor	tamanho μm		página registro
marca e modelo do filtro			condição do filtro retirado			
data		motor BB/BE	horas do motor	tamanho μm		página registro
marca e modelo do filtro			condição do filtro retirado			
data		motor BB/BE	horas do motor	tamanho μm		página registro
marca e modelo do filtro			condição do filtro retirado			
data		motor BB/BE	horas do motor	tamanho μm		página registro
marca e modelo do filtro			condição do filtro retirado			

Trocas e Inspeção do Rotor da Bomba de Água Salgada

Notas _____

data	motor BB/BE	horas do motor	rotor trocado? S / N	página registro
marca e modelo do rotor			condição do rotor retirado	
data	motor BB/BE	horas do motor	rotor trocado? S / N	página registro
marca e modelo do rotor			condição do rotor retirado	
data	motor BB/BE	horas do motor	rotor trocado? S / N	página registro
marca e modelo do rotor			condição do rotor retirado	
data	motor BB/BE	horas do motor	rotor trocado? S / N	página registro
marca e modelo do rotor			condição do rotor retirado	
data	motor BB/BE	horas do motor	rotor trocado? S / N	página registro
marca e modelo do rotor			condição do rotor retirado	
data	motor BB/BE	horas do motor	rotor trocado? S / N	página registro
marca e modelo do rotor			condição do rotor retirado	
data	motor BB/BE	horas do motor	rotor trocado? S / N	página registro
marca e modelo do rotor			condição do rotor retirado	
data	motor BB/BE	horas do motor	rotor trocado? S / N	página registro
marca e modelo do rotor			condição do rotor retirado	
data	motor BB/BE	horas do motor	rotor trocado? S / N	página registro
marca e modelo do rotor			condição do rotor retirado	
data	motor BB/BE	horas do motor	rotor trocado? S / N	página registro
marca e modelo do rotor			condição do rotor retirado	
data	motor BB/BE	horas do motor	rotor trocado? S / N	página registro
marca e modelo do rotor			condição do rotor retirado	

Trocas e Inspeção do Rotor da Bomba de Água Salgada

data	motor BB/BE	horas do motor	rotor trocado? S / N	página registro
marca e modelo do rotor		condição do rotor retirado		
data	motor BB/BE	horas do motor	rotor trocado? S / N	página registro
marca e modelo do rotor		condição do rotor retirado		
data	motor BB/BE	horas do motor	rotor trocado? S / N	página registro
marca e modelo do rotor		condição do rotor retirado		
data	motor BB/BE	horas do motor	rotor trocado? S / N	página registro
marca e modelo do rotor		condição do rotor retirado		
data	motor BB/BE	horas do motor	rotor trocado? S / N	página registro
marca e modelo do rotor		condição do rotor retirado		
data	motor BB/BE	horas do motor	rotor trocado? S / N	página registro
marca e modelo do rotor		condição do rotor retirado		

motor BB/BE – Bombordo ou Boreste
S / N – sim / não

Sumários

data	motor BB/BE	horas do motor	rotor trocado? S / N	página registro
marca e modelo do rotor		condição do rotor retirado		
data	motor BB/BE	horas do motor	rotor trocado? S / N	página registro
marca e modelo do rotor		condição do rotor retirado		
data	motor BB/BE	horas do motor	rotor trocado? S / N	página registro
marca e modelo do rotor		condição do rotor retirado		
data	motor BB/BE	horas do motor	rotor trocado? S / N	página registro
marca e modelo do rotor		condição do rotor retirado		

Trocas e Inspeção do Rotor da Bomba de Água Salgada

*Notas*_____

data	motor BB/BE	horas do motor	rotor trocado? S / N	página registro
marca e modelo do rotor			condição do rotor retirado	
data	motor BB/BE	horas do motor	rotor trocado? S / N	página registro
marca e modelo do rotor			condição do rotor retirado	
data	motor BB/BE	horas do motor	rotor trocado? S / N	página registro
marca e modelo do rotor			condição do rotor retirado	
data	motor BB/BE	horas do motor	rotor trocado? S / N	página registro
marca e modelo do rotor			condição do rotor retirado	
data	motor BB/BE	horas do motor	rotor trocado? S / N	página registro
marca e modelo do rotor			condição do rotor retirado	
data	motor BB/BE	horas do motor	rotor trocado? S / N	página registro
marca e modelo do rotor			condição do rotor retirado	
data	motor BB/BE	horas do motor	rotor trocado? S / N	página registro
marca e modelo do rotor			condição do rotor retirado	
data	motor BB/BE	horas do motor	rotor trocado? S / N	página registro
marca e modelo do rotor			condição do rotor retirado	
data	motor BB/BE	horas do motor	rotor trocado? S / N	página registro
marca e modelo do rotor			condição do rotor retirado	
data	motor BB/BE	horas do motor	rotor trocado? S / N	página registro
marca e modelo do rotor			condição do rotor retirado	
data	motor BB/BE	horas do motor	rotor trocado? S / N	página registro
marca e modelo do rotor			condição do rotor retirado	

Trocas e Inspeção do Rotor da Bomba de Água Salgada

data	motor BB/BE	horas do motor	rotor trocado? S / N	página registro
marca e modelo do rotor		condição do rotor retirado		

data	motor BB/BE	horas do motor	rotor trocado? S / N	página registro
marca e modelo do rotor		condição do rotor retirado		

data	motor BB/BE	horas do motor	rotor trocado? S / N	página registro
marca e modelo do rotor		condição do rotor retirado		

data	motor BB/BE	horas do motor	rotor trocado? S / N	página registro
marca e modelo do rotor		condição do rotor retirado		

data	motor BB/BE	horas do motor	rotor trocado? S / N	página registro
marca e modelo do rotor		condição do rotor retirado		

data	motor BB/BE	horas do motor	rotor trocado? S / N	página registro
marca e modelo do rotor		condição do rotor retirado		

motor BB/BE – Bombordo ou Boreste
S / N – sim / não

Sumários

data	motor BB/BE	horas do motor	rotor trocado? S / N	página registro
marca e modelo do rotor		condição do rotor retirado		

data	motor BB/BE	horas do motor	rotor trocado? S / N	página registro
marca e modelo do rotor		condição do rotor retirado		

data	motor BB/BE	horas do motor	rotor trocado? S / N	página registro
marca e modelo do rotor		condição do rotor retirado		

data	motor BB/BE	horas do motor	rotor trocado? S / N	página registro
marca e modelo do rotor		condição do rotor retirado		

Drenagem e Completação do Líquido de Arrefecimento/ Anticongelante do Motor

Nota _____

data	motor BB/BE	horas do motor	condição do fluido retirado	página registro
fluido retirado		fluido adicionado	marca e grau do fluido	
	L	L		
data	motor BB/BE	horas do motor	condição do fluido retirado	página registro
fluido retirado		fluido adicionado	marca e grau do fluido	
	L	L		
data	motor BB/BE	horas do motor	condição do fluido retirado	página registro
fluido retirado		fluido adicionado	marca e grau do fluido	
	L	L		
data	motor BB/BE	horas do motor	condição do fluido retirado	página registro
fluido retirado		fluido adicionado	marca e grau do fluido	
	L	L		
data	motor BB/BE	horas do motor	condição do fluido retirado	página registro
fluido retirado		fluido adicionado	marca e grau do fluido	
	L	L		
data	motor BB/BE	horas do motor	condição do fluido retirado	página registro
fluido retirado		fluido adicionado	marca e grau do fluido	
	L	L		
data	motor BB/BE	horas do motor	condição do fluido retirado	página registro
fluido retirado		fluido adicionado	marca e grau do fluido	
	L	L		
data	motor BB/BE	horas do motor	condição do fluido retirado	página registro
fluido retirado		fluido adicionado	marca e grau do fluido	
	L	L		
data	motor BB/BE	horas do motor	condição do fluido retirado	página registro
fluido retirado		fluido adicionado	marca e grau do fluido	
	L	L		
data	motor BB/BE	horas do motor	condição do fluido retirado	página registro
fluido retirado		fluido adicionado	marca e grau do fluido	
	L	L		
data	motor BB/BE	horas do motor	condição do fluido retirado	página registro
fluido retirado		fluido adicionado	marca e grau do fluido	
	L	L		

Drenagem e Completação do Líquido de Arrefecimento/ Anticongelante do Motor

data	motor BB/BE	horas do motor	condição do fluido retirado	página registro
fluido retirado		fluido adicionado	marca e grau do fluido	
L		L		
data	motor BB/BE	horas do motor	condição do fluido retirado	página registro
fluido retirado		fluido adicionado	marca e grau do fluido	
L		L		
data	motor BB/BE	horas do motor	condição do fluido retirado	página registro
fluido retirado		fluido adicionado	marca e grau do fluido	
L		L		
data	motor BB/BE	horas do motor	condição do fluido retirado	página registro
fluido retirado		fluido adicionado	marca e grau do fluido	
L		L		
data	motor BB/BE	horas do motor	condição do fluido retirado	página registro
fluido retirado		fluido adicionado	marca e grau do fluido	
L		L		
data	motor BB/BE	horas do motor	condição do fluido retirado	página registro
fluido retirado		fluido adicionado	marca e grau do fluido	
L		L		

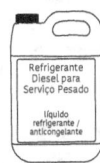 

Sumários

motor BB/BE – Bombordo ou Boreste
L – Litros

data	motor BB/BE	horas do motor	condição do fluido retirado	página registro
fluido retirado		fluido adicionado	marca e grau do fluido	
L		L		
data	motor BB/BE	horas do motor	condição do fluido retirado	página registro
fluido retirado		fluido adicionado	marca e grau do fluido	
L		L		
data	motor BB/BE	horas do motor	condição do fluido retirado	página registro
fluido retirado		fluido adicionado	marca e grau do fluido	
L		L		
data	motor BB/BE	horas do motor	condição do fluido retirado	página registro
fluido retirado		fluido adicionado	marca e grau do fluido	
L		L		

Drenagem e Completação do Líquido de Arrefecimento/ Anticongelante do Motor

data	motor BB/BE	horas do motor	condição do fluido retirado	página registro
fluido retirado		fluido adicionado	marca e grau do fluido	
	L		L	
data	motor BB/BE	horas do motor	condição do fluido retirado	página registro
fluido retirado		fluido adicionado	marca e grau do fluido	
	L		L	
data	motor BB/BE	horas do motor	condição do fluido retirado	página registro
fluido retirado		fluido adicionado	marca e grau do fluido	
	L		L	
data	motor BB/BE	horas do motor	condição do fluido retirado	página registro
fluido retirado		fluido adicionado	marca e grau do fluido	
	L		L	
data	motor BB/BE	horas do motor	condição do fluido retirado	página registro
fluido retirado		fluido adicionado	marca e grau do fluido	
	L		L	
data	motor BB/BE	horas do motor	condição do fluido retirado	página registro
fluido retirado		fluido adicionado	marca e grau do fluido	
	L		L	
data	motor BB/BE	horas do motor	condição do fluido retirado	página registro
fluido retirado		fluido adicionado	marca e grau do fluido	
	L		L	
data	motor BB/BE	horas do motor	condição do fluido retirado	página registro
fluido retirado		fluido adicionado	marca e grau do fluido	
	L		L	
data	motor BB/BE	horas do motor	condição do fluido retirado	página registro
fluido retirado		fluido adicionado	marca e grau do fluido	
	L		L	
data	motor BB/BE	horas do motor	condição do fluido retirado	página registro
fluido retirado		fluido adicionado	marca e grau do fluido	
	L		L	
data	motor BB/BE	horas do motor	condição do fluido retirado	página registro
fluido retirado		fluido adicionado	marca e grau do fluido	
	L		L	

Drenagem e Completação do Líquido de Arrefecimento/ Anticongelante do Motor

data	motor BB/BE	horas do motor	condição do fluido retirado	página registro
fluido retirado		fluido adicionado	marca e grau do fluido	
L		L		
data	motor BB/BE	horas do motor	condição do fluido retirado	página registro
fluido retirado		fluido adicionado	marca e grau do fluido	
L		L		
data	motor BB/BE	horas do motor	condição do fluido retirado	página registro
fluido retirado		fluido adicionado	marca e grau do fluido	
L		L		
data	motor BB/BE	horas do motor	condição do fluido retirado	página registro
fluido retirado		fluido adicionado	marca e grau do fluido	
L		L		
data	motor BB/BE	horas do motor	condição do fluido retirado	página registro
fluido retirado		fluido adicionado	marca e grau do fluido	
L		L		
data	motor BB/BE	horas do motor	condição do fluido retirado	página registro
fluido retirado		fluido adicionado	marca e grau do fluido	
L		L		

Sumários

motor BB/BE – Bombordo ou Boreste
L – Litros

data	motor BB/BE	horas do motor	condição do fluido retirado	página registro
fluido retirado		fluido adicionado	marca e grau do fluido	
L		L		
data	motor BB/BE	horas do motor	condição do fluido retirado	página registro
fluido retirado		fluido adicionado	marca e grau do fluido	
L		L		
data	motor BB/BE	horas do motor	condição do fluido retirado	página registro
fluido retirado		fluido adicionado	marca e grau do fluido	
L		L		
data	motor BB/BE	horas do motor	condição do fluido retirado	página registro
fluido retirado		fluido adicionado	marca e grau do fluido	
L		L		

Embarcação – Trocas e Inspeções de Todos os Anodos

*Notas*_____

data	motor BB/BE	horas do motor	localização do anodo	página registro
condição do anodo retirado		anodo trocado? S / N	tipo instalado	
data	motor BB/BE	horas do motor	localização do anodo	página registro
condição do anodo retirado		anodo trocado? S / N	tipo instalado	
data	motor BB/BE	horas do motor	localização do anodo	página registro
condição do anodo retirado		anodo trocado? S / N	tipo instalado	
data	motor BB/BE	horas do motor	localização do anodo	página registro
condição do anodo retirado		anodo trocado? S / N	tipo instalado	
data	motor BB/BE	horas do motor	localização do anodo	página registro
condição do anodo retirado		anodo trocado? S / N	tipo instalado	
data	motor BB/BE	horas do motor	localização do anodo	página registro
condição do anodo retirado		anodo trocado? S / N	tipo instalado	
data	motor BB/BE	horas do motor	localização do anodo	página registro
condição do anodo retirado		anodo trocado? S / N	tipo instalado	
data	motor BB/BE	horas do motor	localização do anodo	página registro
condição do anodo retirado		anodo trocado? S / N	tipo instalado	
data	motor BB/BE	horas do motor	localização do anodo	página registro
condição do anodo retirado		anodo trocado? S / N	tipo instalado	
data	motor BB/BE	horas do motor	localização do anodo	página registro
condição do anodo retirado		anodo trocado? S / N	tipo instalado	
data	motor BB/BE	horas do motor	localização do anodo	página registro
condição do anodo retirado		anodo trocado? S / N	tipo instalado	

Embarcação – Trocas e Inspeções de Todos os Anodos

data	motor BB/BE	horas do motor	localização do anodo	página registro
condição do anodo retirado		anodo trocado? S / N	tipo	
data	motor BB/BE	horas do motor	localização do anodo	página registro
condição do anodo retirado		anodo trocado? S / N	tipo	
data	motor BB/BE	horas do motor	localização do anodo	página registro
condição do anodo retirado		anodo trocado? S / N	tipo	
data	motor BB/BE	horas do motor	localização do anodo	página registro
condição do anodo retirado		anodo trocado? S / N	tipo	
data	motor BB/BE	horas do motor	localização do anodo	página registro
condição do anodo retirado		anodo trocado? S / N	tipo	
data	motor BB/BE	horas do motor	localização do anodo	página registro
condição do anodo retirado		anodo trocado? S / N	tipo	

motor BB/BE
– Bombordo ou Boreste
S / N – sim / não

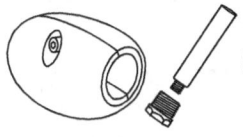  

Sumários

não misturar anodos – zinco, magnésio ou alumínio

data	motor BB/BE	horas do motor	localização do anodo	página registro
condição do anodo retirado		anodo trocado? S / N	tipo instalado	
data	motor BB/BE	horas do motor	localização do anodo	página registro
condição do anodo retirado		anodo trocado? S / N	tipo instalado	
data	motor BB/BE	horas do motor	localização do anodo	página registro
condição do anodo retirado		anodo trocado? S / N	tipo instalado	
data	motor BB/BE	horas do motor	localização do anodo	página registro
condição do anodo retirado		anodo trocado? S / N	tipo instalado	

Embarcação – Trocas e Inspeções de Todos os Anodos

*Notas*_____

data	motor BB/BE	horas do motor	localização do anodo	página registro
condição do anodo retirado		anodo trocado? S / N	tipo instalado	
data	motor BB/BE	horas do motor	localização do anodo	página registro
condição do anodo retirado		anodo trocado? S / N	tipo instalado	
data	motor BB/BE	horas do motor	localização do anodo	página registro
condição do anodo retirado		anodo trocado? S / N	tipo instalado	
data	motor BB/BE	horas do motor	localização do anodo	página registro
condição do anodo retirado		anodo trocado? S / N	tipo instalado	
data	motor BB/BE	horas do motor	localização do anodo	página registro
condição do anodo retirado		anodo trocado? S / N	tipo instalado	
data	motor BB/BE	horas do motor	localização do anodo	página registro
condição do anodo retirado		anodo trocado? S / N	tipo instalado	
data	motor BB/BE	horas do motor	localização do anodo	página registro
condição do anodo retirado		anodo trocado? S / N	tipo instalado	
data	motor BB/BE	horas do motor	localização do anodo	página registro
condição do anodo retirado		anodo trocado? S / N	tipo instalado	
data	motor BB/BE	horas do motor	localização do anodo	página registro
condição do anodo retirado		anodo trocado? S / N	tipo instalado	
data	motor BB/BE	horas do motor	localização do anodo	página registro
condição do anodo retirado		anodo trocado? S / N	tipo instalado	
data	motor BB/BE	horas do motor	localização do anodo	página registro
condição do anodo retirado		anodo trocado? S / N	tipo instalado	
data	motor BB/BE	horas do motor	localização do anodo	página registro
condição do anodo retirado		anodo trocado? S / N	tipo instalado	

Embarcação – Trocas e Inspeções de Todos os Anodos

data	motor BB/BE	horas do motor	localização do anodo	página registro
condição do anodo retirado		anodo trocado? S / N	tipo instalado	
data	motor BB/BE	horas do motor	localização do anodo	página registro
condição do anodo retirado		anodo trocado? S / N	tipo instalado	
data	motor BB/BE	horas do motor	localização do anodo	página registro
condição do anodo retirado		anodo trocado? S / N	tipo instalado	
data	motor BB/BE	horas do motor	localização do anodo	página registro
condição do anodo retirado		anodo trocado? S / N	tipo instalado	
data	motor BB/BE	horas do motor	localização do anodo	página registro
condição do anodo retirado		anodo trocado? S / N	tipo instalado	
data	motor BB/BE	horas do motor	localização do anodo	página registro
condição do anodo retirado		anodo trocado? S / N	tipo instalado	

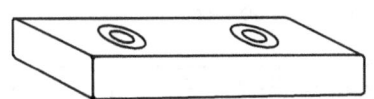  

Sumários

não misturar anodos – zinco, magnésio ou alumínio

data	motor BB/BE	horas do motor	localização do anodo	página registro
condição do anodo retirado		anodo trocado? S / N	tipo instalado	
data	motor BB/BE	horas do motor	localização do anodo	página registro
condição do anodo retirado		anodo trocado? S / N	tipo instalado	
data	motor BB/BE	horas do motor	localização do anodo	página registro
condição do anodo retirado		anodo trocado? S / N	tipo instalado	
data	motor BB/BE	horas do motor	localização do anodo	página registro
condição do anodo retirado		anodo trocado? S / N	tipo instalado	

Troca do Óleo da Rabeta

*Notas*_____

data	motor BB/BE	horas do motor	condição do óleo retirado	página registro
óleo retirado		óleo novo adicionado L		marca e grau do óleo L
data	motor BB/BE	horas do motor	condição do óleo retirado	página registro
óleo retirado		óleo novo adicionado L		marca e grau do óleo L
data	motor BB/BE	horas do motor	condição do óleo retirado	página registro
óleo retirado		óleo novo adicionado L		marca e grau do óleo L
data	motor BB/BE	horas do motor	condição do óleo retirado	página registro
óleo retirado		óleo novo adicionado L		marca e grau do óleo L
data	motor BB/BE	horas do motor	condição do óleo retirado	página registro
óleo retirado		óleo novo adicionado L		marca e grau do óleo L
data	motor BB/BE	horas do motor	condição do óleo retirado	página registro
óleo retirado		óleo novo adicionado L		marca e grau do óleo L
data	motor BB/BE	horas do motor	condição do óleo retirado	página registro
óleo retirado		óleo novo adicionado L		marca e grau do óleo L
data	motor BB/BE	horas do motor	condição do óleo retirado	página registro
óleo retirado		óleo novo adicionado L		marca e grau do óleo L
data	motor BB/BE	horas do motor	condição do óleo retirado	página registro
óleo retirado		óleo novo adicionado L		marca e grau do óleo L
data	motor BB/BE	horas do motor	condição do óleo retirado	página registro
óleo retirado		óleo novo adicionado L		marca e grau do óleo L
data	motor BB/BE	horas do motor	condição do óleo retirado	página registro
óleo retirado		óleo novo adicionado L		marca e grau do óleo L

Troca do Óleo da Rabeta

data	motor BB/BE	horas do motor	condição do óleo retirado	página registro
óleo retirado	óleo novo adicionado		marca e grau do óleo	
L	L			
data	motor BB/BE	horas do motor	condição do óleo retirado	página registro
óleo retirado	óleo novo adicionado		marca e grau do óleo	
L	L			
data	motor BB/BE	horas do motor	condição do óleo retirado	página registro
óleo retirado	óleo novo adicionado		marca e grau do óleo	
L	L			
data	motor BB/BE	horas do motor	condição do óleo retirado	página registro
óleo retirado	óleo novo adicionado		marca e grau do óleo	
L	L			
data	motor BB/BE	horas do motor	condição do óleo retirado	página registro
óleo retirado	óleo novo adicionado		marca e grau do óleo	
L	L			
data	motor BB/BE	horas do motor	condição do óleo retirado	página registro
óleo retirado	óleo novo adicionado		marca e grau do óleo	
L	L			

motor BB/BE – Bombordo ou Boreste
L – Litros

Rabeta
Óleo para
engrenagens

Sumários

data	motor BB/BE	horas do motor	condição do óleo retirado	página registro
óleo retirado	óleo novo adicionado		marca e grau do óleo	
L	L			
data	motor BB/BE	horas do motor	condição do óleo retirado	página registro
óleo retirado	óleo novo adicionado		marca e grau do óleo	
L	L			
data	motor BB/BE	horas do motor	condição do óleo retirado	página registro
óleo retirado	óleo novo adicionado		marca e grau do óleo	
L	L			
data	motor BB/BE	horas do motor	condição do óleo retirado	página registro
óleo retirado	óleo novo adicionado		marca e grau do óleo	
L	L			

Troca do Óleo da Rabeta

data	motor BB/BE	horas do motor	condição do óleo retirado	página registro
óleo retirado		óleo novo adicionado L	marca e grau do óleo	
data	motor BB/BE	horas do motor	condição do óleo retirado	página registro
óleo retirado		óleo novo adicionado L	marca e grau do óleo	
data	motor BB/BE	horas do motor	condição do óleo retirado	página registro
óleo retirado		óleo novo adicionado L	marca e grau do óleo	
data	motor BB/BE	horas do motor	condição do óleo retirado	página registro
óleo retirado		óleo novo adicionado L	marca e grau do óleo	
data	motor BB/BE	horas do motor	condição do óleo retirado	página registro
óleo retirado		óleo novo adicionado L	marca e grau do óleo	
data	motor BB/BE	horas do motor	condição do óleo retirado	página registro
óleo retirado		óleo novo adicionado L	marca e grau do óleo	
data	motor BB/BE	horas do motor	condição do óleo retirado	página registro
óleo retirado		óleo novo adicionado L	marca e grau do óleo	
data	motor BB/BE	horas do motor	condição do óleo retirado	página registro
óleo retirado		óleo novo adicionado L	marca e grau do óleo	
data	motor BB/BE	horas do motor	condição do óleo retirado	página registro
óleo retirado		óleo novo adicionado L	marca e grau do óleo	
data	motor BB/BE	horas do motor	condição do óleo retirado	página registro
óleo retirado		óleo novo adicionado L	marca e grau do óleo	
data	motor BB/BE	horas do motor	condição do óleo retirado	página registro
óleo retirado		óleo novo adicionado L	marca e grau do óleo	

Troca do Óleo da Rabeta

data	motor BB/BE	horas do motor	condição do óleo retirado	página registro
óleo retirado L		óleo novo adicionado L	marca e grau do óleo	
data	motor BB/BE	horas do motor	condição do óleo retirado	página registro
óleo retirado L		óleo novo adicionado L	marca e grau do óleo	
data	motor BB/BE	horas do motor	condição do óleo retirado	página registro
óleo retirado L		óleo novo adicionado L	marca e grau do óleo	
data	motor BB/BE	horas do motor	condição do óleo retirado	página registro
óleo retirado L		óleo novo adicionado L	marca e grau do óleo	
data	motor BB/BE	horas do motor	condição do óleo retirado	página registro
óleo retirado L		óleo novo adicionado L	marca e grau do óleo	
data	motor BB/BE	horas do motor	condição do óleo retirado	página registro
óleo retirado L		óleo novo adicionado L	marca e grau do óleo	

motor BB/BE – Bombordo ou Boreste
L – Litros

Rabeta
Óleo para engrenagens

Sumários

data	motor BB/BE	horas do motor	condição do óleo retirado	página registro
óleo retirado L		óleo novo adicionado L	marca e grau do óleo	
data	motor BB/BE	horas do motor	condição do óleo retirado	página registro
óleo retirado L		óleo novo adicionado L	marca e grau do óleo	
data	motor BB/BE	horas do motor	condição do óleo retirado	página registro
óleo retirado L		óleo novo adicionado L	marca e grau do óleo	
data	motor BB/BE	horas do motor	condição do óleo retirado	página registro
óleo retirado L		óleo novo adicionado L	marca e grau do óleo	

Rabeta – Trocas e Inspeção do Diafragma de Borracha

*Notas*_____

data	motor BB/BE	horas do motor	Nº de série	página registro
condição do selo				
data	motor BB/BE	horas do motor	Nº de série	página registro
condição do selo				
data	motor BB/BE	horas do motor	Nº de série	página registro
condição do selo				
data	motor BB/BE	horas do motor	Nº de série	página registro
condição do selo				
data	motor BB/BE	horas do motor	Nº de série	página registro
condição do selo				
data	motor BB/BE	horas do motor	Nº de série	página registro
condição do selo				
data	motor BB/BE	horas do motor	Nº de série	página registro
condição do selo				
data	motor BB/BE	horas do motor	Nº de série	página registro
condição do selo				
data	motor BB/BE	horas do motor	Nº de série	página registro
condição do selo				
data	motor BB/BE	horas do motor	Nº de série	página registro
condição do selo				
data	motor BB/BE	horas do motor	Nº de série	página registro
condição do selo				

Rabeta – Trocas e Inspeção do Diafragma de Borracha

data	motor BB/BE	horas do motor	N° de série	página registro
condição do selo				

data	motor BB/BE	horas do motor	N° de série	página registro
condição do selo				

data	motor BB/BE	horas do motor	N° de série	página registro
condição do selo				

data	motor BB/BE	horas do motor	N° de série	página registro
condição do selo				

data	motor BB/BE	horas do motor	N° de série	página registro
condição do selo				

data	motor BB/BE	horas do motor	N° de série	página registro
condição do selo				

motor BB/BE – Bombordo ou Boreste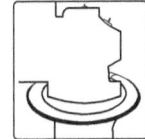

Sumários

data	motor BB/BE	horas do motor	N° de série	página registro
condição do selo				

data	motor BB/BE	horas do motor	N° de série	página registro
condição do selo				

data	motor BB/BE	horas do motor	N° de série	página registro
condição do selo				

data	motor BB/BE	horas do motor	N° de série	página registro
condição do selo				

Rabetas – notas

Rabetas – notas

Outros Equipamentos

data	item	notas

Outros Equipamentos

data	item	notas

Sumários

Sumário – notas

Sumário – notas

Sumários

Medidas e Conversões

Testando Fluido de Arrefecimento/Anticongelante com um Densímetro

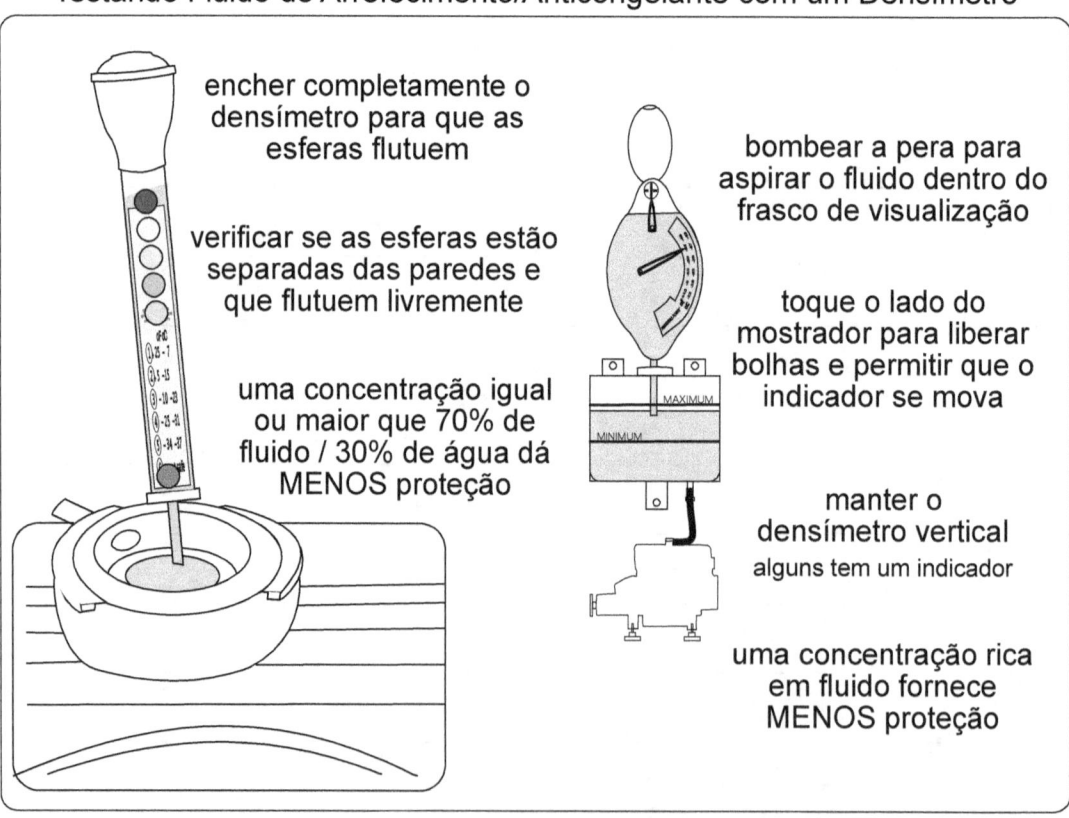

encher completamente o densímetro para que as esferas flutuem

verificar se as esferas estão separadas das paredes e que flutuem livremente

uma concentração igual ou maior que 70% de fluido / 30% de água dá MENOS proteção

bombear a pera para aspirar o fluido dentro do frasco de visualização

toque o lado do mostrador para liberar bolhas e permitir que o indicador se mova

manter o densímetro vertical
alguns tem um indicador

uma concentração rica em fluido fornece MENOS proteção

Área – métrica e imperial

cm = centímetro
cm^2 = centímetro quadrado
ft = pés
ft^2 = pés quadrados
pol = polegada

m = metro
m^2 = metro quadrado
mm = millímetro
mm^2 = millímetro quadrado

formula mm^2 x 0,01 = cm^2 mm^2 x 0,00155 = pol^2			
mm x mm	mm^2	cm^2	in^2
2 x 2	4	0,04	0,0062
3 x 3	9	0,09	0,014
4 x 4	16	0,16	0,025
5 x 5	25	0,25	0,039
6 x 6	36	0,36	0,056
7 x 7	49	0,49	0,076
8 x 8	64	0,64	0,099
9 x 9	81	0,81	0,125
10 x 10	100	1	0,155

formula* cm^2 x 0,155 = pol^2	
cm^2	pol^2
1	0,155
2	0,31
3	0,465
4	0,62
5	0,775
10	1,55
15	2,325
20	3,1
25	3,875
50	7,75
75	11,625
100	15,50

formula pol^2 x 6,45 = cm^2	
pol^2	cm^2
1	6,45
2	12,90
3	19,35
4	25,81
5	32,26
10	64,52
15	96,77
20	129
25	161
50	322
75	484
100	645

*exemplo: 3 cm^2 x 0,155 = 0,465 pol^2

formula* m^2 x 10,76 = $pé^2$	
m^2	$pé^2$
1	10,76
2	21,53
3	32,28
4	43,06
5	53,82
10	107,64
15	161,46
20	215,28
25	269
50	538
75	807
100	1076

formula $pé^2$ x 0,0929 = m^2	
$pé^2$	m^2
1	929 cm^2
2	0,186
3	0,279
4	0,372
5	0,465
10	0,93
15	1,39
20	1,86
25	2,32
50	4,65
75	6,97
100	9,29

Medidas

Métrica
100 mm^2 em 1 cm^2
10.000 cm^2 em 1 m^2
646 mm^2 em 1 pol^2

Imperial
144 pol^2 em 1 $pé^2$
9 $pé^2$ em 1 $jarda^2$
10,76 $pé^2$ em 1 m^2

*exemplo: 3 m^2 x 10,76 = 32,28 pes^2

Comprimento - métrico, imperial e náutico

fórmula*

mm x 0,0394 = polegada
cm x 0,394 = polegada
polegada x 2,54 = cm

*exemplo: 5 mm x 0,0394 = 0,197 polegada

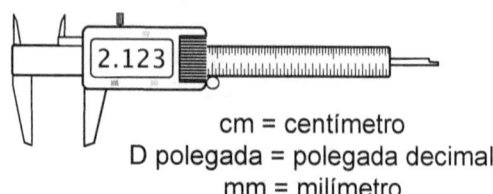

cm = centímetro
D polegada = polegada decimal
mm = milímetro

mm	pol
1	0,0394
2	0,078
3	0,1181
4	0,157
5	0,197
6	0,236
7	0,276
8	0,315
9	0,355
10	0,394

cm	pol
1	0,394
2	0,788
3	1,18
4	1,575
5	1,968
10	3,94
15	5,91
20	7,87
25	9,84
50	19,69
75	29,53
100	39,37

pol	D pol	mm
1/8	0,125	3,175
1/4	0,250	6,35
3/8	0,375	9,525
1/2	0,5	12,7
5/8	0,625	15,875
3/4	0,75	19,05
7/8	0,875	22,23

Polegada Decimal

Muito paquímetros eletrônicos mostram polegadas decimais – não frações, ex. dividindo uma polegada em 1000 partes, o que fornece mais precisão; ex. 0,650 é pouco maior que 5/8"

pol	cm
1	2,54
2	5,08
3	7,62
4	10,16
5	12,7
10	25,4
15	38,10
20	50,80
25	63,5
50	127
75	190,5
100	254

1 braça = 6+2/3 pés

fórmula

metro x 3,28 = pés
metro x 1,09 = jarda

metro	pé	jarda
1	3,28	1,09
5	16,40	5,47
10	32,81	10,94
15	49,21	16,40
20	65,62	21,87
25	82,02	27,34
50	164,04	54,68
75	246,06	82
100	328,08	109,36

fórmula
jarda x 0,914 = metro

jarda	metro
1	0,914
5	4,572
10	9,14
15	13,72
20	18,29
25	22,86
50	45,72
75	68,58
100	91,44

fórmula
braça x 1,829 = metro
braça x 6 = pés

braça	metro	pé
1	1,829	6
5	9,144	30
10	18,29	60
15	27,43	90
20	36,58	120
25	45,72	150
50	91,44	300
75	137,16	450
100	182,88	600

Comprimento - métrico, imperial e náutico

km = quilômetro
kn = nó   1 nó = 1 milha náutica por hora
mn = milha náutica

fórmula* km x 0,54 = mn km x 0,62 = milha			fórmula mn x 1,852 = km mn x 1,151 = milha			fórmula milha x 0,87 = mn milha x 1,609 = km		
km	mn	milha	mn	km	milha	milha	mn	km
1	0,54	0,62	1	1,852	1,151	1	0,87	1,609
10	5,40	6,21	10	18,52	11,51	10	8,69	16,09
20	10,79	12,43	20	37,04	23	20	17,38	32,19
30	16,20	18,64	30	55,56	34,52	30	26,07	48,28
50	27	31,07	50	92,60	57,54	50	43,45	80,47
100	54	62,14	100	185,20	115,08	100	86,90	160,93
300	162	186,41	300	555,60	345	300	260,69	482,80
500	270	310,69	500	926	575,4	500	434,49	804,67
750	404,97	466,03	750	1389	863	750	651,73	1207
1000	639,96	621,37	1000	1852	1150,78	1000	868,98	1609,34

*exemplo: 1 km x 0,54 = 0,54 mn

Velocidade nó	Tempo / Distância nm	
	12 h	24 h
0,5	6	12
1	12	24
1,5	18	36
2	24	48
2,5	30	60
3	36	72
3,5	42	84
4	48	96
4,5	54	108
5	60	120
6	72	144
7	84	168
8	96	192
9	108	216
10	120	240
11	132	264
12	144	288

Conversões de Velocidade (nó (knot), mph, kmh) veja página 276

Medidas

1 minuto de latitude = 1 nm
60 minutos de latitude = 1 grau
1 grau = 60 nm
1 milha náutica = 1852 metros
1 milha náutica = 2025 jardas

100 cm = 1 metro
1 m = 3,28 pés

3 pé = 1 jarda
3 pé = 0,914 metro

Diesel – volumes e massas

Diesel

A densidade do diesel e, consequentemente o peso, varia de acordo com sua mistura (#1 e #2), sua temperatura – mais frio, diesel pesa mais que no verão. Diesel é mais leve que a água – sua massa específica varia entre 0,82 a 0,95 g/cm³; água pura é 1,00 e água do mar 1,025 g/cm³.

1 litro = ± 832 gramas or ± 1,87 libras
1 galão (EUA) = ± 3,32 kgs or ± 7,1 lbs
1 galão (Imp) = ± 3,87 kgs or ± 8,5 lbs

NOTA: valores são aproximados devido à variação da densidade e arredondamentos.

gal imp. = galão imperial   kg = quilograma
gal US = galão EUA   lb = libra

fórmula* kg x 1,18 = Litro / kg x 0,31 = Gal EUA / kg x 0,259 = Gal Imp.			
Quilograma	Litro	Galão EUA	Galão imperial
1 kg	1,18	0,31	0,259
2 kg	2,36	0,62	0,518
3 kg	3,54	0,93	0,777
4 kg	4,72	1,24	1,036
5 kg	5,9	1,55	1,295
10 kg	11,8	3,1	2,59
15 kg	17,7	4,65	3,885
20 kg	23,6	6,2	5,18

fórmula lb x 0,53 = Litro / lb x 0,14 = Gal EUA / lb x 0,12 = Gal Imp.			
Libra	Litro	Galão EUA	Galão imperial
1 lb	0,53	0,14	0,12
2 lbs	1,06	0,28	0,24
3 lbs	1,59	0,42	0,36
4 lbs	2,12	0,56	0,48
5 lbs	2,65	0,7	0,6
10 lbs	5,3	1,4	1,2
15 lbs	7,95	2,1	1,8
20 lbs	10,6	2,8	2,4

*exemplo: 2 kg x 1,18 = 2,366 L DIESEL

fórmula L x 0,832 = kgs / L x 1,87 = lbs		
Litro	kgs	lbs
1 L	0,832	1,87
2 L	1,66	3,74
3 L	2,496	5,61
4 L	3,33	7,48
5 L	4,16	9,35
10 L	8,32	18,7
15 L	12,48	28,05
20 L	16,64	37,4

fórmula G EUA x 7,10 = lbs / G EUA x 3,32 = kgs		
Galão EUA	lbs	kgs
1 G EUA	7,10	3,32
2 G EUA	14,2	6,64
3 G EUA	21,30	9,96
4 G EUA	28,40	13,28
5 G EUA	35,50	16,60
10 G EUA	71	33,20
15 G EUA	106,50	49,80
20 G EUA	142	66,4

fórmula G imp x 8,5 = lbs / G imp x 3,87 = kgs		
Galão imp	lbs	kgs
1 G imp	8,5	3,87
2 G imp	17	7,74
3 G imp	25,5	11,61
4 G imp	34	15,48
5 G imp	42,50	19,35
10 G imp	85	38,70
15 G imp	127,5	58,05
20 G imp	170	77,40

Eletricidade – corrente contínua

Eletricidade – Lei de Ohm

Lei de Ohm explica a relação entre:

corrente (amperes - A), **resistência** (ohms – Ω) e voltagem (volts - V).

amps	X	**resistência (Ω)**	=	voltagem
voltagem	÷	**resistência (Ω)**	=	amps
voltagem	÷	amps	=	**resistência (Ω)**

exemplo para calcular a resistência:

$$V \div A = R$$
$$12\,V \div 4\,A = 3\,\Omega$$

Eletricidade – Lei de Watt

Lei de Watt explica a relação entre:

potência (watts - W), corrente (amperes - A) e voltagem (volts - V)

voltagem	X	corrente	=	**potência**
potência	÷	corrente	=	voltagem
potência	÷	voltagem	=	corrente

exemplo para calcular a corrente: um dispositivo 12 V consume 80 W, quantos amperes?
$$80\,W \div 12\,V = 6,67\,A$$

Usando este triângulo, quando 2 valores são conhecidos, o terceiro valor pode ser calculado

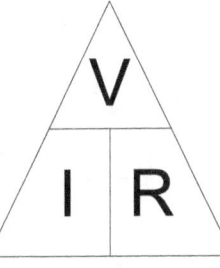

I x R = **Voltagem (V)**
V ÷ R = **Amperagem (I)**
V ÷ I = **Resistencia (Ω)**

amps = amperages ou I ou corrente
resistencia = R ou Ω ou ohms
voltagem = V ou E ou volts

Ampere Hora (Ah) – amperagem total que uma bateria pode entregar em um período de 20 horas. Quanto maior a taxa, maior a potência total que uma bateria pode fornecer ao longo do tempo. Taxas de Ah são aplicadas para baterias estacionárias (ciclo profundo) - uma bateria de 100 Ah pode suprir 5A por 20 horas.

Medidas

Amperagem de Partida a Frio (CCA) – corrente (amperes) que uma bateria de 12V pode gerar a -18 °C (0 °F) por 30 segundos mantendo uma voltagem acima de 7,2 Volts. Quanto maior a taxa mais tempo a bateria pode ser usada na partida ainda restará energia.

Amperagem de Partida Marinha (MCA) – corrente (amperes) que uma bateria 12V pode produzir a 0 °C (0 °F) por 30 segundos mantendo uma voltagem acima de 7,2 Volts. O valor MCA será 1/3 maior que a taxa CCA para a mesma bateria.

Reserva de Capacidade (RC) – tempo en minutos que uma bateria fornecerá 25A mantendo uma voltagem acima de 10,5 V (baterias 12V) a 26,7V °C

voltagem (V)	Célula Úmida	AGM	Gélula Gel	Lítio
100%	12,60-12,70	12,80 - 12,90	12,85 - 12,95	13,4 - 14,4
75%	12,40	12,60	12,65	13,2
50%	12,20	12,30	12,35	13,1
25%	12,00	12,00	12,00	13,0
0%	11,80	11,80	11,80	10,0

Conversão de CCA para MCA - multiplicar CCA por 1,3

Conversão de MCA para CCA - multiplicar MCA por 0,7

Equivalentes Comuns no Sistema Métrico com Fração e Polegada Decimal

Tamanhos próximos em milímetros Mais Próximos da Fração e Polegada Decimal

Exemplo: broca de 2 mm – broca em polegada 5/64 – o que equivale a 1,95 mm

métrico mm	fração polegada	mm próximo	decimal pol
2	5/64	1,95	0,078
3	1/8	3,1	0,125
4	5/32	3,9	0,156
5	13/64	5,1	0,188
5,5	7/32	5,57	0,219
6	15/64	5,9	0,234
6,5	1/4 ou 17/64	6,3 ou 6,7	0,248 ou 0,267
7	9/32	7,1	0,281
7,5	19/64	7,54	0,297
8	5/16	7,9	0,313
8,5	21/64 ou 11/32	8,3 ou 8,7	0,328 ou 0,344
9	23/64	9,1	0,359
9,5	3/8	9,55	0,375
10	25/64	9,9	0,391
10,5	27/64	10,72	0,422
11	7/16	11,11	0,438
11,5	29/64	11,51	0,453
12	15/32 ou 31/64	11,8 ou 12,2	0,469 ou 0,484
13	33/64	13,10	0,516
14	35/64	13,8	0,547

Exemplos de cabeças de parafusos

Allen ou hexagonal
diversos tamanhos

JIS B1012
(Japão)

Robertson,
Quadrada
3 tamanhos comuns

slot, slotted

multidentada
ou XZN
4 tamanhos comuns

Torx

Frearson

Posidrive,
Quad

Phillips

sem cabeça

escariada

chata

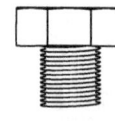
sextavado
sem cabeça

sextavada

abaulada

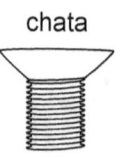

redonda

Equivalentes Comuns na Fração e Polegada Decimal com Métrico Milímetro

fração pol	decimal	métrico mm
1/64	0,016	0,397
1/32	0,031	0,794
1/16	0,063	1,588
1/8	0,125	3,175
3/16	0,188	4,763
1/4	0,250	6,35
5/16	0,313	7,938
3/8	0,375	9,525
7/16	0,438	11,113
1/2	0,500	12,7
9/16	0,563	14,288
5/8	0,625	15,875
11/16	0,688	17,463
3/4	0,750	19,05
13/16	0,813	20,638
7/8	0,875	22,225
15/16	0,938	23,813
1	1,0	25,4

decimal	fração pol	métrico mm
0,0156	1/64	0,397
0,03124	1/32	0,794
0,0625	1/16	1,588
0,125	1/8	3,175
0,1875	3/16	4,762
0,250	1/4	6,350
0,3125	5/16	7,938
0,375	3/8	9,525
0,4375	7/16	11,112
0,5	1/2	12,7
0,5625	9/16	14,386
0,625	5/8	15,875
0,6875	11/16	17,462
0,750	3/4	19,050
0,8125	13/16	20,638
0,875	7/8	22,225
0,9375	15/16	23,812
1,0	1	25,4

Resistência à Tração de Parafusos de Aço Reforçado

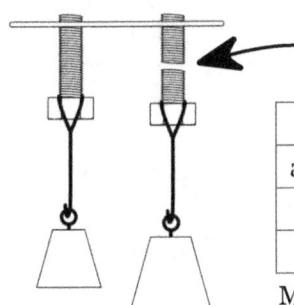

Resistência à tração – tração máxima que um material pode suportar sem quebrar

Medidas

métrico		Inglês	
aço macio	400 MPa		60.000 psi
8,8	827 MPa	SAE 5	120.000 psi
10,9	1.034 MPa	SAE 8	150.000 psi

MPa = MegaPascal   psi = libra por polegada quadrada

sem marca
– aço macio

métrica 10,9

SAE 8 – diferentes estilos

métrica 8,8

SAE 5 – diferentes estilos

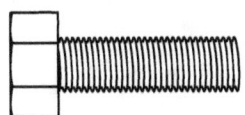

rosca grossa
métrica: 1,5
UNC: 16 dentes/pol

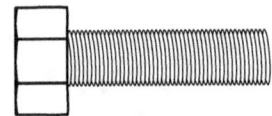

rosca fina
Métrica: 1,25
UNF: 24 dentes/pol

Peso – métrico e imperial

Água Doce
1 litro = 1 quilograma ou 2,2 lb
1 galão (EUA) = 3,78 kg ou 8,34 lb
1 galão (Imp) = 4,55 kg ou 10,02 lb

Água Salgada (± 3,5% de salinidade)
1 litro = ± 1,025 quilograma ou 2,62 lb
1 galão (EUA) = ± 3,7 kg ou 8,56 lb
1 galão (Imp) = ± 4,66 kg ou 10,26 lb
1 metro cúbico = ± 1020 kg

1 kg = 1000 gramas
1 kg = 35,24 oz
1 kg = 2,2 lbs

1 oz = 28 gramas
16 oz = 1 lb
1 lb = 454 gramas
1 lb = 0,45 kg

g = gramas
kg = quilogramas

lb = libras
oz = onças

fórmula*		
g x 0,035 = oz		
g x 0,002 = lb		
kg x 35,274 = oz		
kg x 2,2 = lb		
grama	oz	lb
10	0,353	0,022
50	1,76	0,11
100	3,53	0,22
500	17,64	1,1
1 kg	35,27	2,2
2 kg	70	4,4
3 kg	106	6,61
4 kg	141	8,82
5 kg	176	11

fórmula	
oz x 28,35 = g	
lb x 454 = g	
oz	grama
1	28,35
2	56
3	85
4	113
5	142
10	283
15	425
1 lb	454
2 lb	907

*exemplo: 30g x 0,035 = 1,05 oz

fórmula		
lb x 16 = oz		
lb x 454 = g		
lb x 0,454 = kg		
lb	oz	g/kg
1	16	454
2	32	907
3	48	1,36 kg
4	64	1,81 kg
5	80	2,27 kg
10	160	4,54 kg
15	240	6,80 kg
20	320	9,07 kg
25	400	11,34 kg

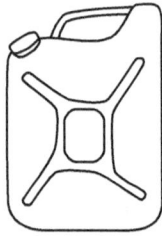

20 L   DIESEL
= 16,64 kg
= 37,41 lb

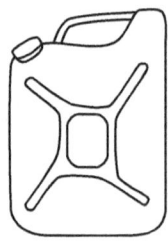

20 L   ÁGUA DOCE
= 20 kg
= 44 lb

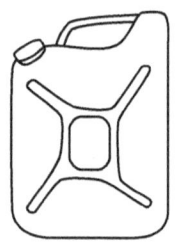

20 L   ÁGUA SALGADA
= 20,5 kg
= 45,2 lb

Potência – Cavalo Potência e Kilowatts

1 cavalo de potência = força necessária para levantar 750 quilos por 1 metro em 10 segundos

métrico hp	kW	UK/EUA hp
1	0,735	0,986
5	6,798	4,932
10	7,355	9,863
20	14,710	19,7264
30	22,065	29,5896
40	29,420	39,453
50	36,775	49,316
60	44,13	59,179
70	51,485	69,042
80	58,84	78,9056
90	66,195	88,7688
100	73,55	98,632
120	88,260	118,358
140	102,97	138,085
160	117,68	157,81
180	132,39	177,538
200	147,10	197,26

exemplo: 50 mhp x 0,735 = 36,75 kW

bhp = potência útil do motor
HP = cavalo de potência
kW = quilowatt
W = watt

1 kilowatt (kW) = 1000 watts
1 kW = 1,36 metric hp (mhp)
1 mhp = 0,735 kW
1 kW = 1,34 hp (mecânico)
1 hp = 0,746 kW

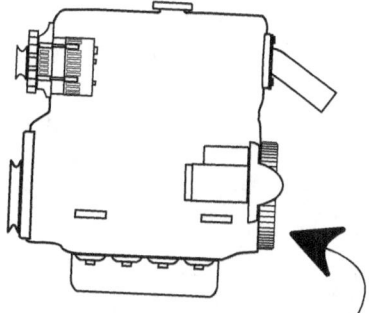

Potência útil do motor
medida na saída do motor
– pouco menor que HP devido
à fricção dentro do motor
potência útil do motor
= brake horse power (bhp)
potência do eixo do cavalo
= potência disponível na hélice
= ± 2% menos que a potência útil do motor
= shaft horse power (shp)

UK/US hp	kW	metric hp
1	0,74569	1,01
5	3,728	5,07
10	7,4569	10,14
20	14,91	20,28
30	22,37	30,42
40	29,8279	40,56
50	37,29	50,5
60	44,74	60,83
70	52,20	70,97
80	59.66	81,11
90	67.11	91,25
100	74.57	101,39
120	89,48	121,66
140	104,40	141,94
160	119,31	162,22
180	134,23	182,50
200	149,14	202,77

exemplo: 50 hp x 1,01 = 50,5 mhp

Medidas

Acredita-se que o menor motor diesel já construído seja capaz de:
* Nano Bee projetado e construído por Ronald Valentine
* diâmetro do pistão de 2 mm
* deslocamento de 6 cm³ (0,00037 pol)
* comprimento de 2,22 cm (7/8 pol)
* até 12.800 rpm
* vendido por US$ 500

O maior motor diesel já construído:
* 109.000 HP Wärtsilä-Sulzer RTA96-C
* instalado em Emma Maersk em 2006
* 2 tempos, 14 cilindros
* diâmetro do pistão 960 mm (38 pol)
* altura do pistão de 6 m (20 pés)
* velocidade do pistão de 8,5 m/s (28 pés/s)
* 22-102 rpm
* até 250 t de óleo pesado por dia

Pressão – métrico e imperial

Pressão atmosférica (atm) no nível do mar
= ± 1,013 bar
= ± 760 mmHg
= ± 101,325 kPa
= ± 14,7 psi
= ± 29,921 polHg

fórmula*
bar x 100 = kilopascals (kPa)
kilopascal x 0,01 = bar
Pa x 0,0075 = mmHg
Pa x 0,000145 = psi
Pa x 0,000295 = pol Hg

bar	kPa	psi	mmHg	polHg
1	100	14,5	750.06	29,53
2	200	29	1500	59,06
3	300	43,51	2250	88,59
4	400	58	3000	118,12
5	500	72,52	3750	147,65
10	1000	145,04	7500	295,3

*exemplo: 20 kPa x 0,000145 = 2,9 psi

fórmula
psi x 6894,76 = Pa
psi x 2,036 = polHg
psi x 51,72 = mmHg

psi	Pa - kPa	mmHg	polHg
1	6894,76	51,72	2,036
10	68947,60	517,15	20,36
20	137,90 kPa	1034	40,72
30	206,84 kPa	1551	61,08
40	275,79 kPa	2068	81,44
50	344,74 kPa	2585	101,80
100	689,48 kPa	5171	203,60
500	3447,38 kPa	25857	1018
1000	6894,76 kPa	51714	2036

polHg = polegada de mercúrio (inHg)
mmHg = milímetro de mercúrio
kPa = 1000 Pascal
MPa = 1.000.000 Pascal
Pa = Pascal
psi = libra por polegada quadrada

fórmula
Mpa x 145,038 = psi

MPa	psi
1	145
2	290
3	435
4	580
5	725

fórmula
polHg x 25,4 = mmHg
polHg x 3386 = Pa
polHg x 0,491 = psi

polHg	mmHg	Pa - kPa	psi
1	25,4	3386	0,491
2	50,8	6772	0,982
3	76,2	10159	1,473
4	101,6	13545	1,965
5	127	16,93 kPa	2,456
6	152,4	20,32 kPa	2,95
7	177,8	23,70 kPa	3,44
8	203	27,09 kPa	3,93
9	228,6	30,48 kPa	4,42
10	254	33,86 kPa	4,912

fórmula
mmHg x 0,039 = polHg
mmHg x 133.32 = Pa
mmHg x 0,019 = psi

mmHg	polHg	Pa - kPa	psi
50	1,968	6666	0,967
100	3,94	13,332	1,933
200	7,87	26,66 kPa	3,868
300	11,81	40	5,8
400	15,75	53,33	7,74
500	19,68	66,66	9,67
750	29,53	100	14,50
100 cm	39,37	133,33	19,34

Tamanho de Furos de Machos e Brocas em Milímetro e Polegada

tamanho do macho (mm)	tamanho da broca (mm)	tamanho da broca (pol)
2	1,5	1/16
3	2,5	3/32
4	3,5	9/64
5	4,5	11/64
6	5	13/64
7	6	15/64
8	7	9/32
10	9	23/64
12	10,5	13/32
14	12,5	31/64

tamanho do macho (pol)	tamanho da broca (pol)	tamanho da broca (mm)
1/8	3/32	2,38
1/4	7/32	5,5
5/16	9/32	7
3/8	5/16	8
1/2	15/32	12
5/8	35/64	14
3/4	11/16	17,5
7/8	13/16	20,5
1	7/8	22

NOTA: Os tamanhos dos furos são
os equivalentes comuns mais próximos

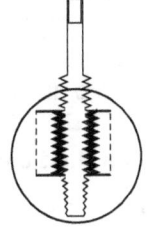

machos e de encaixe
usadas com mais
freqüência

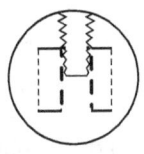

os machos cônicos são
mais fáceis de começar
verticalmente no
buraco perfurado

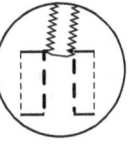

os machos de encaixe
são mais difíceis de
iniciar exatamente na
vertical

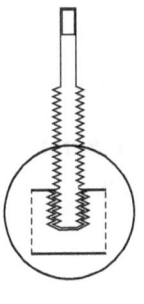

macho de fundo é
usado para abrir um
furo cego (ex. sem
saída)

Medidas

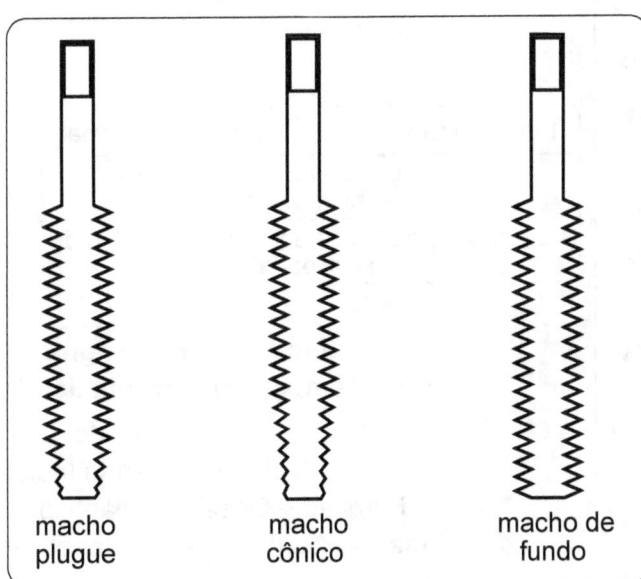

macho plugue   macho cônico   macho de fundo

Temperatura – °C e °F

temperatura de operação do motor	°C	°F
Arrefecimento *indireto*	70 - 85 °C	158 - 185 °F
Arrefecimento direto	55 - 70 °C	131 - 158 °F

características do diesel	°C	°F
Ponto de fulgor – T min. que os fumos de diesel queimam	52 - 82 °C	125 - 180 °F
Autoignição – T min. que o diesel queima sem fonte externa	210 °C	410 °F
T do ar do cilindro antes da injeção	500 °C	920 °F
T de chama (gases de combustão)	1400 °C	2550 °F
T na mufla de exaustão	300 - 1000 °C	1470 - 1800 °F
T na exaustão depois da injeção de água	40 - 50 °C	104 - 122 °F

T – temperatura; T aproximadas – a T precisa depende de inúmeras variáveis

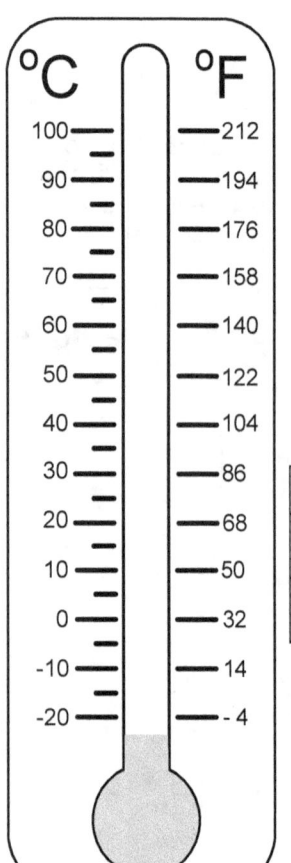

Para converter °C to °F

$$1\ °C \times 1,8 + 32 = °F$$

exemplo: $10\ °C \times 1,8 = 18 + 32 = 40\ °F$

Para converter °F to °C

$$1\ °F - 32 \times 0,5566 = °C$$

exemplo: $56\ °F - 32 = 24 \times 0,5566 = 13\ °C$

T de ebulição da água pura ao nível do mar	100 °C	212 °F
T de congelamento da água pura ao nível do mar	0 °C	32 °F
T de congelamento da água do mar (3,5% de salinidade)	2 °C	28 °F

Temperatura da água para formar tempestades tropicais: 26 °C (79 °F)

O que e onde?

Ciclone – Oceano Índico

Furação – Oceanos Atlântico e Pacífico

Tufão – Pacífico oeste e Mar do Sul da China

274

Torque – métrico e imperial

Torque = força requerida para girar um objeto (como um eixo)

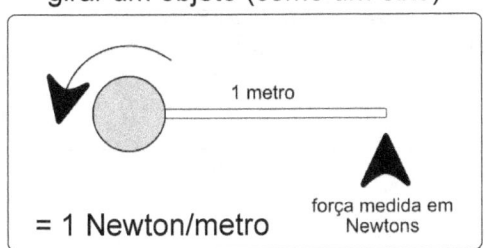

= 1 Newton/metro

força medida em Newtons

1 metro

1 Newton = força requerida para mover 1 kg a uma distância de 1 metro por segundo ao quadrado (metro por segundo ao quadrado é uma medida padrão de aceleração)

1 Newton metro (Nm) é 1 kg de força (1 Newton) aplicado a um nível de 1 metro para mover ou girar um objeto

1 pé-libra é 1 lb de força aplicada a um nível de 1 pé para mover ou girar um objeto

pol oz = polegada onça
pé lb ou pébf = libra força
N = Newton
Nm = Newton metro

*fórmula**

Nm x 141,61 = pol oz
Nm x 0,738 = pé lb
pé lb x 1,356 = Nm
pé lb x 12 = pol lb
pé lb x 16 = pol oz
pol lb x 0,083 = Nm
pol lb x 16 = pol oz
pol oz x 0,007 = Nm
pol oz x 0,0005 = pé lb

*exemplo: 2Nm x 141,61 = 283,22 pol oz

Nm	pol oz	pé lb
1	141,6	0,74
2	283	1,475
3	425	2,213
4	566	2,95
5	708	3,69
6	850	4,43
7	991	5,16
8	1133	5,9
9	1274	6,64
10	1416	7,38
20		14,75
30		22,13
40		29,5
50		36,88
60		44,25
70		51,63
80		59
90		66,38
100		73,76
125		92,20
150		110
175		129
200		147

pé lb	pol oz	Nm
1	192	1,36
2	384	2,7
3	576	4
4	768	5,4
5	960	6,8
6	1152	8,13
7	1344	9,5
8	1536	10,85
9	1728	12,20
10	1920	13,56
20		27
30		40,67
40		54,23
50		67,79
60		81,35
70		94,91
80		108,46
90		122
100		135,58
125		169,47
150		203,37
175		237
200		271

pol oz	pé lb	Nm
5	0,026	0,035
6	0,03	0,04
7	0,036	0,05
8	0,04	0,056
9	0,046	0,06
10	0,05	0,07
15	0,078	0,106
20	0,10	0,141
25	0,13	0,176
30	0,156	0,2
35	0,18	0,47

Medidas

pol lb	pol oz	Nm
5	80	0,035
6	96	0,04
7	112	0,05
8	128	0,056
9	144	0,06
10	160	0,07
15	240	0,106
20	320	0,141
25	400	0,176

Velocidade – métrico, imperial e náutico

m/s = metros por segundo
nó = (knot, 1 milha náutica por hora)
kph = quilometres por hora

pé/s = pé por segundo
mph = milhas por hora

fórmula*
kph x 0,621 = mph
kph x 0,278 = m/s
kph x 0,911 = pé/s
kph x 0,54 = nós

kph	mph	m/s	pé/s	nós
1	0,62	0,28	0,911	0,54
5	3,11	1,39	4,56	2,7
10	6,21	2,78	9,11	5,4
15	9,32	4,17	13,67	8,10
20	12,43	5,56	18,23	10,8
25	15,53	6,95	22,78	13,5
30	18,64	8,34	27,34	16,2

exemplo: 5 kph x 0,621 = 3,105 mph

fórmula
m/s x 3,6 = kph
m/s x 2,24 = mph
m/s x 3,28 = pé/s
m/s x 1,94 = nós

m/s	kph	pé/s	mph	nós
1	3,6	3,28	2,24	1,94
5	18	16,40	11,18	9,72
10	36	32,81	22,37	19,44
15	54	49,21	33,55	29,16
20	72	65,62	44,74	38,88
25	90	82,02	55,92	48,60
30	108	98,42	67,11	58,31

fórmula
mph x 1,609 = kph
mph x 0,447 = m/s
mph x 1,467 = pé/s
mph x 0,869 = nós

mph	kph	m/s	pé/s	nós
1	1,61	0,45	1,47	0,87
5	8,05	2,24	7,33	4,34
10	16,09	4,47	14,68	8,69
15	24,14	6,71	22	13,03
20	32,19	8,94	29,33	17,38
25	40,23	11,18	36,67	21,72
30	48,28	13,41	44	26,07

fórmula
nó x 1,852 = kph
nó x 0,514 = m/s
nó x 1,688 = pé/s
nó x 1,151 = mph

nós	kph	m/s	mph	pé/s
1	1,85	0,51	1,15	1,69
2	3,7	1,03	2,3	3,38
3	5,56	1,54	3,45	5,06
4	7,41	2,06	4,6	6,75
5	9,26	2,57	5,75	8,44
10	18,52	5,14	11,51	16,88
15	27,78	7,71	17,26	25,32

exemplo: 6 nós x 0,514 = 3,08 m/s

pé/s	mph	m/s	kph	knots
1	0,682	0,305	1,097	0,592
10	6,82	3,48	10,97	5,93
20	13,64	6,1	21,95	11,85
30	20,45	9,14	32,92	17,77
40	27,27	12,19	43,89	23,70
50	34,09	15,24	54,86	29,62
100	68,18	30,48	109,73	59,25

fórmula
pé/s X 2,9 = kph
pé/s X 0,305 = m/s
pé/s X 2,05 = mph
pé/s X 1,78 = nós

1 nó = 1,94 metros segundo

nó x tempo = distância
veja página 265

Volume – métrico e imperial

1000 millilitros = 1 Litro
16 Fl. Oz EUA = 1 pint copo) EUA
20 Fl. Oz Imp = 1 pint Imperial
2 pints = 1 quarto
8 pints = 1 galão

Fl. Oz EUA =
onça americana líquida
Fl. Oz Imp =
onça líquida britânica
mL = mililitro   L = litro

G EUA – galão EUA
G Imp = galão imperial
Pt EUA = pint (EUA)
Pt Imp = Pint imperial

fórmula
mL x 0.034 = Fl. Oz EUA
mL x 0.035 = Fl. Oz Imp.

mL	Fl Oz. EUA	Fl Oz Imp.
5	0,17	0,176
10	0,35	0,35
25	0,85	0,88
50	1,69	1,76
100	3,38	3,52
250	8,45	8,80
500	16,91	17,60
750	25,36	26,40

fórmula
Fl Oz. EUA x 29,574 = mL
Fl. Oz EUA x 1,04 = Fl. Oz Imp.

Fl. Oz. EUA	mL	Fl. Oz Imp.
1	29,57	1,04
2	59	2,08
3	89	3,12
4	118	4,16
5	148	5,20
10	296	10,41
15	444	15,61
20	591	20,82

fórmula
Fl. Oz Imp. x 28,41 = mL
Fl. Oz. Imp. x 0,961 = Fl. Oz. EUA

Fl. Oz. Imp.	mL	Fl Oz EUA
1	28,41	0,96
2	57	1,92
3	85	2,88
4	114	3,84
5	142	4,8
10	284	9,6
15	426	14
20	568	19

Pint EUA	Pint Imp.
1	0,83
2	1,66
3	2,5
4	3,33
5	4,16

Pint Imp.	Pint EUA
1	1,20
2	2,4
3	3,6
4	4,8
5	6

fórmula
pint US x 0,833 = pint Imp.
pint Imp. x 1,2 = pint EUA

20 gotas = ± 1mL

Litro	G EUA	G Imp.	Fl Oz EUA	Fl. Oz Imp.
1	0,26	0,22	33,81	35,19
2	0,56	0,44	67,63	70,39
3	0,79	0,66	101,44	105,59
4	1,06	0,88	135,26	140,78
5	1,32	1,10	169,07	175,98

fórmula*
L x 0,264 = G EUA
L x 0,22 = G Imp.
L x 33,81 = Fl Oz. EUA
L x 35,19 = Fl Oz. Imp

*exemplo: 2L x 0,22 = 0,44 Gallon Imp.

Medidas

fórmula
G EUA x 3,78 = L
G EUA x 0,833 = G Imp.
G EUA x 128 = Fl Oz. EUA
G EUA x 133,23 = Fl. Oz. Imp

G EUA	L	G Imp.	Fl Oz EUA	Fl. Oz Imp.
1	3,78	0,83	128	133,23
2	7,57	1,66	256	266,46
3	11,36	2,5	384	399,68
4	15,14	3,33	512	532,91
5	18,93	4,16	640	666,14

fórmula
G Imp x 4,546 = L
G Imp x 1,20 = G EUA
G Imp x 153,72 = Fl Oz. EUA
G Imp x 160 = Fl. Oz. Imp

G Imp	L	G US	Fl Oz US	Fl. Oz Imp.
1	4,55	1,20	153,72	160
2	9,09	2,4	307,44	320
3	13,64	3,6	461,17	480
4	18,18	4,8	614,89	640
5	22,73	6	768,61	800

data _____

data

Notes

data _____

data

Notes

data _____

data

Notes

data _____

data _____

Notes

Index

Index

Série Básico de Marine Diesel Basics

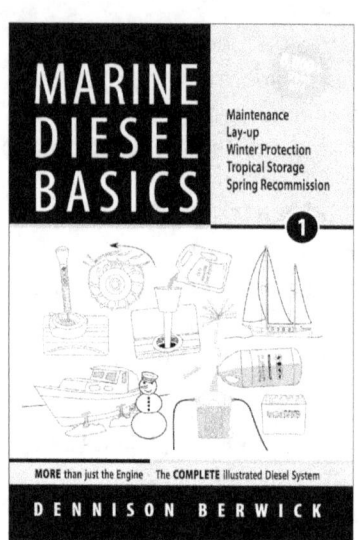

Marine Diesel Basics 1

- Manutenção
- Acionamento
- Proteção para Inverno
- Armazenagem Tropical
- Recomissionamento Primavera

- Mais de 350 desenhos claros
- 212 páginas
- 2ª edição
- Papel comum, capa dura, ebook, espiral
- Mais de 9 mil vendidos
- *por enquanto, apenas em inglês*

"... O melhor guia sobre o assunto que já vi, este livro tem lugar em toda embarcação equipada com motor diesel." - *Sail Magazine*

"Material essencial para qualquer pessoa começando em motores diesel marítimos por suas ilustrações claras... Eu altamente recomendo" - *Good Old Boat*

"Um excelente guia que terá." - *Australian Sailing*

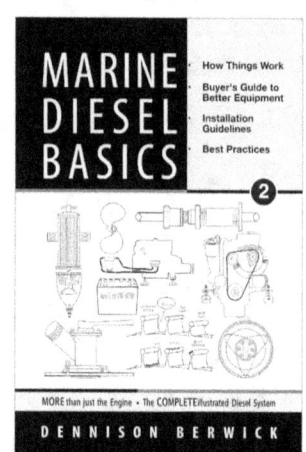

Marine Diesel Basics 2

- como as coisas funcionam
- guia de compras para melhores equipamentos
- guias de instalação
- melhores práticas
- mais de 2000 figuras + 500 páginas

próxima publicação

www.marinedieselbasics.com

- livraria MDB
- mais de 2500 manuais grátis
- listas de chegagem grátis
- lista de palavras técnicas em português

MDB Livraria

Manuais de motor